Renate Elian

Lobe den Schöpfer, meine Seele,
und vergiß fast alles,
was man dir von ihm gesagt.

Schwinge dich auf und sprenge die Fesseln,
die man dir in seinem Namen angelegt.

Ist Gott die Liebe, wie man auch sagt,
neben vielem anderen,
dann ist deine Freiheit grenzenlos,
solange sie in der Liebe bleibt.

Suche die Liebe zu ergründen, meine Seele,
damit dir die Freiheit in vollem Maße zufällt
und das Herz sich nicht zufriedengibt
mit den Brosamen, die von den Tischen
der Kerkermeister fallen.

Renate Elian

Lobe den Schöpfer, meine Seele,

und vergiß fast alles, was man dir von ihm gesagt hat

Kreuz Verlag

Gewidmet meinem Großvater
Michael Elian
in liebevoller Erinnerung

CIP-Kurztitelaufnahme der Deutschen Bibliothek

Elian, Renate:
Lobe den Schöpfer, meine Seele, und vergiß fast alles,
was man dir von ihm gesagt hat
Renate Elian. – Stuttgart : Kreuz Verlag, 1985.
ISBN 3-7831-0805-5

1. Auflage (1.–8. Tausend)
Kreuz Verlag Stuttgart 1985
Umschlaggestaltung: HF Ottmann
Satz: Typobauer Filmsatz GmbH, Ostfildern
Druck und Bindung: Clausen & Bosse, Leck
ISBN 3 7831 0805 5

Inhalt

An Unbekannt 7

Du 8
Gleich nach der Muttermilch: die Bibel 11
Der rote Faden: Macht und Ohnmacht 16
Meine Lieblingsvorstellung von Gott 19

Könnte ich Jesus genau beschreiben ... 25

Empörend unangepaßt? 26
Schwierige Nachfolge 32
In der Wüste 34
Wie Jesus auf Dich treffen 39
Das Leiden und die Liebe 45
Ein Mensch, der Dich beim Wort nahm 53
Rache oder Reich Gottes? 56
Warum wir uns selbst nicht vergeben 61
Jesus und die Frauen 66

Wir – Gottes Risiko auf Zeit 75

Wer hat auf der Erde die Macht? 76
Beim Beten entsteht Klarheit 78
Die Dunkelheit ist groß 82
Verantwortlich oder unzurechnungsfähig? 87
Dogma vom Opfertod statt Nachfolge 92
Der Ausweg aus Depression
und Betriebsamkeit 99
Unser Ende können wir selbst bereiten 103
Das Gleichnis der Liebe 106
Leiden ist nicht »gottgewollt« 111
Warum Jesus
der glücklichste Mensch war 114

Ein allmächtiger Gott wäre ein Sadist 121

Jesus war nüchtern im Blick
auf uns Menschen 122
Schicksal oder »unerforschlicher Ratschluß«? 125
Der breite Weg der Unmündigkeit 134
Gerechter Zorn dient dem Frieden 142
Ein Gott für Erwachsene 147

Gottes ohnmächtige Liebe 157

Jesus blieb sich selbst treu bis zum Tod 158
Selbstverantwortung 161
Jesus, die Familie und die Umkehr 164
Vielleicht fürchtest Du uns? 169
Einsamkeit 174
Phantasie über Gethsemane 178
Der Mord 182

Das unausgeschöpfte Angebot 187

Ein Traum von der Ewigkeit 188
Die andere Seite der Wirklichkeit 194
Ein lichtes Haus des Glaubens 196
Das fruchtbare Bündnis 199
... aber der Konflikt bleibt 202

Zum Schluß 206

An Unbekannt

Du

Mir ist die sicherlich ungewöhnliche Idee gekommen, zu Dir, mein Gott, nicht nur in der Stille zu sprechen, sondern, sooft es mir zeitlich möglich sein wird, Dir zu schreiben. Auch wenn es keinen Briefträger gibt, der Dir meine »Briefe« übergeben kann, so ist diese Idee vielleicht nicht ganz so verrückt, wie sie auf den ersten Blick anmutet.

Auf diesen Gedanken kam ich in einer nahezu schlaflosen Nacht, und nun läßt er mich nicht mehr los. Doch trotz aller momentanen Begeisterung über die hiermit begonnene Arbeit ahne ich schon jetzt ein wenig, daß es möglicherweise die schwierigste Aufgabe wird, die ich mir bisher gestellt habe, denn mir ist schon heute bewußt, daß ich mit diesem Versuch der Auseinandersetzung mit dem Gottesbild meiner Kindertage ein bestimmtes Ziel verfolge. Zu diesem Ziel möchte ich mich im Laufe der nächsten Zeit hinarbeiten, und nur eines weiß ich schon jetzt, daß ich meine Briefe nicht an die uns allgemein bekannte Adresse »Gott im Himmel oder in der Höhe« richten werde, sondern »an Unbekannt« mit unbestimmbarer Ortsangabe.

Viele Menschen meinen Dich genau zu kennen, und sie reden mit großer Sicherheit von Dir. Ich bin mir da nicht ganz so sicher und stehe zudem eher verunsichert und ablehnend allem Gerede von Dir gegenüber, und wahrscheinlich ist gerade diese fragende und zugleich kritische Haltung ein wesentliches Motiv für eine schriftliche Suche nach Dir.

Gedanken oder auch Gebete haben im Grunde einen sehr flüchtigen Charakter, schreibend wird es mir besser gelingen, meine Beziehung zu Dir für mich durchsichtiger zu machen.

Diese Verbindung zu Dir wurde schon in frühester Jugend geknüpft, aber auch gleichzeitig stark belastet, weil ich sie nicht freiwillig eingegangen bin. Trotzdem hat sie alle Krisen überstanden und ist im Laufe der Zeit für mich so reizvoll geworden, daß ich heute hier mit meinem etwas sonderbaren Unterfangen begonnen habe. Es geht mir nicht darum, Dir hier meine größeren oder kleineren Alltagskümmernisse aufzulisten – die finden im Gebet und in meinem Tagebuch ihren Platz –, sondern mich nur auf meine durch Jahre gewachsene Beziehung zu Dir zu konzentrieren.

Oft glaube ich etwas von Deiner Größe und Unendlichkeit erfaßt zu haben; dann wieder überkommt mich die Ahnung um das Geheimnis, das Du uns Menschen trotz all unserem vermeintlichen Wissen von Dir geblieben bist. An dieses Geheimnis möchte ich mich näher herantasten und dabei alles Erlernte über Dich beiseite legen, mir den Weg frei machen zur Erforschung des Unbekannten. Du begegnest mir als eine schweigende, stille Kraft, gibst mir keine fertigen Antworten auf mein Fragen, wirst mir auch keine Mühe auf diesem abseitigen Pfad ersparen, doch gerade Dein Schweigen könnte in mir ein Zur-Ruhe-Kommen erwirken und mich so einer Antwort näherbringen.

Ich nehme an, daß ich mich oft in meine Blätter versenken werde, möchte mich aber trotzdem ohne Eile auf diesen Prozeß einlassen, weil er ein Stück bewußtes Wachstum mit sich bringen könnte. Beruhigend ist das Wissen, daß Du mein Fragen anders behandelst, als es die Menschen gemeinhin tun. Ich gehe davon aus, daß Du mir wirklich zuhören wirst und mir damit die Möglichkeit gibst, durch ungehindertes Aussprechen meiner Hoffnungen und Konflikte selbst befriedigende Antworten zu finden.

»Suchet, so werdet ihr finden«, so lesen wir im Neuen Testament. Muß ich zuerst mich selbst gefunden haben, bevor ich Dich finden kann, oder kann ich zu mir selbst nur kommen, wenn ich Dich gefunden habe? Eine schwierige Frage. Noch weiß ich keine sichere Antwort. Am besten wird es sein, wenn ich bei mir beginne, obwohl es auch da keine letzten Sicherheiten gibt, denn wer schenkt mir die Gewißheit, daß ich mich richtig sehe und einschätze? Doch trotz aller möglichen Fehleinschätzungen weiß ich von mir mehr als von Dir.

Meine bisherige Vergangenheit war reich, sie umfaßt Erfahrungen aus allen Lebensbereichen bis hin zu der schmerzhaftesten, dem Tod eines unserer Kinder. Mit diesen Briefen möchte ich herausfinden, inwieweit ich Deine Gegenwart glaubend in all den Geschehnissen erfahren habe und welche Veränderungen sich dabei an mir und meinen Glaubensvorstellungen vollzogen. Gerade die zentrale Erfahrung des Todes hat besonders tiefe Spuren in meinem Glaubensleben hinterlassen, sie durchziehen unverwischbar meinen Alltag.

Noch befinde ich mich in der Mitte des Lebens, und doch hat es mich bereits mit seinem Endpunkt vertraut gemacht. Eine Erfahrung, die immer noch schmerzt, doch sie hat auch andere nach sich gezogen, für die ich sehr dankbar bin. Mein Bild von Dir ist mit meinen Lebenserfahrungen gewachsen, doch ist es ein nur schemenhaftes, dessen Konturen ich für mich schärfer werden lassen möchte.

Gleich nach der Muttermilch: die Bibel

Es ist im Grunde wunderbar, daß Dein Wesen für uns so schwer zu umgrenzen ist, denn damit eröffnen sich für suchende Menschen phantastische Möglichkeiten. Es gibt den Spruch: »Bei Gott sind alle Dinge möglich«, was auch bedeuten könnte, daß Du uns in allen Bereichen des Lebens begegnen möchtest.

Ich bin auf der Suche nach immer neuen Möglichkeiten der Begegnung mit Dir, möchte das Unbekannte erforschen und sitze nicht zuletzt deshalb hier über das Papier gebeugt. Für mich ist Dein Sein trotz allem vermeintlichen Wissen von Dir etwas im Grunde noch ganz Unbekanntes, nur Erahntes, von scheinbar Bekanntem gänzlich verdeckt oder verzerrt. Nur im wiederholten Versuch des Umschreibens wird es mir vielleicht gelingen, mich ein wenig näher an Dein wahres Wesen heranzutasten. Mehr ist wahrscheinlich gar nicht möglich, denn vielleicht erfahren wir Dich nur, indem wir uns ständig auf Dich zu bewegen.

Ich gehe davon aus, daß Du der Schöpfer allen Lebens bist, und fast lag es mir auf der Zunge zu sagen, also auch der Schöpfer von uns unvollkommenen Geschöpfen. Doch ich ahne schon, daß an diesem Punkt etwas nicht stimmt. Was das ist, werde ich im Laufe dieser Auseinandersetzung klarer für mich herausfinden müssen. Eines kann ich aber wohl mit Bestimmtheit annehmen, daß Du Deine Schöpfung selbst in ihrer Deformiertheit liebst. Vorsichtig möchte ich es an dieser Stelle vielleicht einmal so formulieren: Du liebst zwar uns unvollkommene Wesen, bist aber nicht der Verursacher von Unvollkommenheit. Viele Menschen verzagen oftmals angesichts ihrer Begrenztheiten. Sie sind nur selten in der Lage, sich so anzunehmen, wie sie sich erleben, haben aber ein Idealbild von sich im Kopf, dem sie wie einem Phantom nachjagen, um immer wieder in Verzweiflung zu fallen, wenn sich dieses Bild im Alltag auflöst und nur das Mittelmaß sichtbar übrigbleibt.

Trotz all unserer Unvollkommenheit vermögen wir doch zu lieben, soweit unsere Liebesfähigkeit nicht schon im Keim erstickt wurde. Diese Fähigkeit hast Du allen Menschen verliehen, auch wenn nicht alle in der Lage sind, sie in sich zu beleben. Dort, wo die Liebe ihren lebendigen Ausdruck findet, überwindet sie all unsere Grenzen, schenkt uns wenigstens für Momente einen Einblick in den Reichtum und die Fülle menschlicher Möglichkeiten.

Viele Menschen glauben, daß Du Deine Liebe zu ihnen von ihrem Bestreben nach einem möglichst fehlerfreien Leben abhängig machst und damit im Grunde ihre Leistungen, weniger sie selbst liebst. Die großen Kirchen haben reichlich viel dazu beigetragen, um diese Annahme nach Kräften zu stärken.

Es geht mir darum, herauszufinden, in welchem Verhältnis ich zu Dir stehe. Habe ich teil an deinem Wesen, und ist es von daher unvermeidlich, daß mein Denken immer wieder um Dich kreist? Dazu fällt mir das biblische Bild vom Leib und seinen Gliedern ein. Bist Du der Leib, sind wir Deine Glieder? Wenn es in diesem komplizierten Organismus zu Fehlschaltungen kommt, gerät das Ineinandergreifen aller Prozesse aus dem Takt, und dann leiden wir an den Folgen. Ich frage mich, in welchem Ausmaß Du zum Mitleiden verurteilt bist, denn Deine Verbundenheit mit den Gliedern Deines Leibes wäre unauflösbar.

Wenn ich diesen Zusammenhang in seiner ganzen Tragweite bedenke, dann glaube ich, daß unser Streben nach der in uns angelegten Vollkommenheit wohl doch kein so unsinniger Kampf ist, vielleicht ist er sogar unvermeidlich, auch wenn er uns viel Leid beschert. Wollen wir mit all unseren Bemühungen zurück ins Paradies? Ist das vielleicht ganz natürlich und darum berechtigt? Welche Gefahren lauern auf dem Wege dorthin?

Wir kennen alle die Geschichte vom Sündenfall, sie hat sich uns tief eingeprägt. In unseren dunklen ELebenszeiten kommen wir uns oftmals wie verstoßene Kinder vor, die keine wärmende Heimat haben, keinen Mutterschoß, der sie auffängt. Und das alles nur, weil wir vom Baum der Erkenntnis essen wollen? Kann das wahr sein, mein Gott? Alles in mir sträubt sich gegen diesen Gedanken. Ich kann nicht daran glauben, auch wenn die Kirche nach wie vor dieses Bild verwendet und es den Menschen in vielerlei versteckter Form immer noch aufdrängen will. Ich sehe darin nur eine weitere Möglichkeit, die meisten Menschen in der Verdummung zu belassen, während wenige dann doch die Früchte der Erkenntnis essen wollen.

Wenn Du doch den Körper des Menschen schon so vollendet ausgestattet hast, dann hast Du bestimmt auch etwas Ähnliches mit seinem Geist im Sinn gehabt. Die Bibel sagt: »Gott schuf den Menschen nach seinem Bilde.« Sollte es dann möglich sein, daß Du uns die Erkenntnis nicht gönnen willst?

Es findet sich auch folgender Satz in der Bibel: »Gott will, daß alle Menschen zur Erkenntnis der Wahrheit kommen.« Und noch etwas wird mir deutlich: Wenn Du uns nach Deinem Bilde geschaffen hast, dann sind wir darangegangen, dieses Bild auf kaum vorstellbare Weise zu zerstören. Dieses Werk haben wir mit der uns eigenen Gründlichkeit vollbracht; danach müßte Dein Bildnis in unendlich viele

Splitter zerfallen sein. Vielleicht bist Du uns deshalb so unbekannt geworden, weil wir Dein Antlitz unkenntlich gemacht haben?

Wir könnten uns ganz einfach an die Lehren der Kirchen halten; denn sie versuchen mit viel Aufwand, uns eine Vorstellung von Dir zu vermitteln, und nicht zuletzt gibt es noch die Bibel, ein Buch, das sich ausschließlich mit Dir befaßt. Doch wie merkwürdig es mit ihrem Wort zugehen kann, habe ich am eigenen Leib erfahren.

In einer pietistisch geprägten Familie aufzuwachsen bedeutet schon eine Leidensstufe für sich. Der Inhalt der Bibel kam bei mir schon fast nach der Muttermilch. Sonntags früh Gottesdienst in der Kirche, nachmittags Bibelstunden mit Laienpredigern des Bundes »Entschiedenes Christentum«. Heute kann ich die vielen Eindrücke mit großer Distanz betrachten, damals war ich ihnen hilflos ausgeliefert. Den Zwiespalt und die Zerrissenheit, in der die Menschen meiner Umgebung lebten, habe ich als Kind sehr genau empfunden. Inzwischen sehe ich auch die Vorteile, die diese frühe Auseinandersetzung mir gebracht hat, denn sie wurde der Antrieb für mein späteres Suchen. Einerseits wurde Deine befreiende Kraft gepredigt, andererseits die sündige Menschlichkeit geradezu beschworen.

Über den Begriff der Sünde begann ich sehr früh nachzudenken, denn in unserem Hause war es die gängige Umschreibung menschlichen Fehlverhaltens. Schlimmer wurde es für mich, als ich mit kindlicher Scharfsicht die offensichtlichen Diskrepanzen zwischen den Reden des Sonntags und dem Alltagsleben wahrnahm und diese Beobachtungen dann auch noch meinen Eltern und den »Brüdern und Schwestern im Herrn« ganz unverblümt mitteilte. Dieses »ungehörige« Verhalten bescherte mir nicht nur frohe Stunden im Elternhaus. Dabei gab es in meiner Familie nicht nur leidensbemühte Mienen, die Vitalität meiner Eltern hatte überwiegend menschliche – »sündhafte« – Züge. Zudem brachte der Familienalltag es mit sich, daß Erziehung – auch religiöse – aus Zeitmangel nur sonntags stattfand. Diese Tatsache hatte auf der anderen Seite viele Vorzüge. Wir wuchsen praktisch ohne Erziehung auf, zudem hatten wir auf dem Lande viel Freiraum um uns herum. So war einerseits meine Entwicklung zu früher Eigenständigkeit gesichert, andererseits bestand aber der Konflikt, meinen Eltern zu gehorchen und ihr Glaubensbild zu übernehmen.

Einen sicheren Halt und zugleich eine prägende Figur in unserem Familienleben fand ich in meinem Großvater väterlicherseits. Er scheint mir auch heute, lange nach seinem Tode, der einzig glaubhafte Christ gewesen zu sein, der mir begegnet ist, obwohl er diese Bezeichnung nicht für sich in Anspruch nahm. Dieser Mensch war mit Sicherheit die zentralste Gestalt in meinem Leben, denn er hatte auch die Stelle der Mutter einzunehmen, da sie dieser Rolle und allen damit verbundenen Pflichten aus zeitlichen Gründen oftmals nicht nachkommen konnte. In ihm begegnete mir sehr früh ein Mensch, der alle herkömmlichen Glaubensvorstellungen ablehnte. Diese Ablehnung zeigte er ohne die geringsten Hemmungen jedermann, ohne Rücksicht auf den christlichen Lebenswandel seines Sohnes. Er war der erste gänzlich unangepaßte Mann, der mir in meinen frühen Kindertagen begegnete. Da meine Eltern das vierte Gebot zu achten hatten, blieb ihm genug Narrenfreiheit, die er auch bis zum letzten Atemzug auskostete.

In diesem Menschen, den ich mehr liebte als die Eltern, begegnete ich einer alternativen Lebenshaltung, und diese Erfahrung ist mit Sicherheit nicht ohne Folgen für meine Suche nach Dir geblieben. Diese andere Möglichkeit zu leben griff ich sehr früh auf, doch brachte sie mich zugleich in schwere Konflikte, denn die Ansprüche meiner Eltern blieben ja weiterhin bestehen. Doch hatte ich genug Kraft, diesen Kampf aufzunehmen, und damit begann schon damals meine Suche nach einem möglichen dritten Weg. Er ging über viele Stufen kindlicher Verzweiflung bis hin zu einem ernstgemeinten Selbstmordversuch im Alter von vierzehn Jahren, bei dem nur ein »Zufall« den tödlichen Ausgang verhinderte.

Du hast das Ausmaß meiner kindlichen Zerrissenheit gesehen. Noch heute als Erwachsene kann ich meine damalige Verzweiflung verstehen, habe nichts davon vergessen. Damals bin ich zum ersten Mal dem Tode begegnet, war ihm bedrohlich nahegerückt. Dieses Erlebnis wird mir unvergeßlich bleiben, es hält meine Solidarität mit allen Verzweifelten und Lebensmüden wach, auch wenn dieser Versuch der Problemlösung heute für mich keine Möglichkeit mehr darstellen würde.

Der rote Faden: Macht und Ohnmacht

Wenn ich von dem Gedanken ausgehe, daß Du uns Menschen nach Deinem Bilde geschaffen hast, dann könnte es sein, daß unser oberflächliches und destruktives Tun mit der Zerstörung Deines Bildes in uns einhergeht.

Immer wieder umkreise ich den Gedanken, daß nach Deinem Schöpfungswillen unser Antlitz Deine Züge tragen sollte. Und wenn das so ist, wie geht es dann Dir, wenn Du unsere entstellten Gesichter und verkrampften Leiber siehst, oder wenn es gar so ist, daß Du in ihnen leben mußt? Angesichts der Vollkommenheit Deiner Schöpfung, die uns einen Einblick gewährt in die Tiefgründigkeit Deines Wesens, frage ich mich, wie Du Dich in unseren oberflächlichen Lebensempfindungen wiederfinden sollst?

Wieder bin ich bei dem Bild vom Leib und seinen Gliedern angekommen, es läßt mich nicht los. In der Bibel finden wir verschiedene Vorstellungen von Dir. Bist Du die Summe all dieser Bilder, oder reichen sie nicht aus, um Deiner Wirklichkeit nur annähernd gerecht zu werden? Ich vermute letzteres. Mir wird es ebensowenig gelingen, ein Gesamtbild von Dir zu zeichnen, obwohl gerade dieser Wunsch der eigentliche Antrieb zu dieser Arbeit ist; aber ist ein derartiger Wunsch nicht überhaupt vermessen?

Die Frage nach unserem Ursprung bewegt sehr viele Menschen, und sie richtet sich zuerst an unsere Eltern. Denn dort vermuten wir ihn zuerst, wurde uns doch die Mutter zum Tor in diese Welt. Aber ist diese Annahme nicht ein Trugschluß, der fatale Folgen für uns haben kann? Unsere Erzeuger sind bei genauem Hinsehen ebenso defekt, wie wir uns selbst erfahren. Und sobald wir ihren Mangel an Weitsicht, ihre vielen Unfähigkeiten, kurzum ihre ganze Begrenztheit erkannt haben, beginnen wir meistens mit dem Abrechnen, und je gründlicher wir sie betrachten, um so höher veranschlagen wir ihren Schuldanteil an unserem Versagen. Vielleicht ist eine solche Abrechnung unumgänglich, da wir selten in der Lage sind, umfassend zu denken und zu fühlen. Unser Mitgefühl für diejenigen, die unser Dasein ermöglichten, konnte nur mangelhaft ausreifen, da sie wiederum nicht genug Einfühlungsvermögen für uns und unsere Wachstumsbedürfnisse entwickeln konnten.

Ich denke, daß Du uns mit Anlagen ausgestattet hast, die eine Entwicklung zur Vollkommenheit ermöglichen, vorausgesetzt, es finden sich die entsprechenden Bedingungen für einen derartigen Reifungsprozeß. Doch wer von uns hat schon bei seinem Eintritt in diese Welt die dazu notwendigen idealen Umstände vorgefunden?

Ich glaube, daß unsere – wenn auch meistens unbewußte – Trauer nur zu berechtigt ist. Wir ahnen die paradiesischen Möglichkeiten, die uns verwehrt wurden, und diese Ahnung macht uns häufig krank vor Sehnsucht nach Erfüllung unseres Wunsches nach umfassender Liebe und Annahme. Der Alltag lehrt die meisten von uns, wie wenig selbst die uns am nächsten stehenden Menschen in der Lage sind, diese Sehnsucht zu erfüllen. Statt über den Verlust unserer Möglichkeiten zu trauern, lehnen wir uns wütend gegen unser eingeschränktes Dasein auf. In unserem Herzen lebt nur eine schemenhafte Vorstellung von möglicher Befreiung, doch gerade sie könnte uns aus der Enge herausführen. Sie ist vielleicht der letzte Abglanz Deines Bildes, das uns tief im Kern unseres Wesens erhalten blieb. Unserer Zerstörungswut ist damit möglicherweise eine letzte Grenze gesetzt, obwohl sich mir heute immer stärker das Gefühl aufdrängt, daß die Menschheit darangeht, auch noch diese letzte Ahnung von Dir zu zerstören, indem sie sich insgesamt vernichten wird. Sprengstoff besitzen wir im Übermaß für dieses allerletzte menschliche Unternehmen. Und gerade auch der Gedanke, wie weit wohl der Mensch seine Möglichkeiten, sich selbst und Deine ganze Schöpfung zu vernichten, erproben wird, treibt mich zur Suche nach Dir. Die Frage nach Deiner Macht oder Ohnmacht stellt sich damit, und diese Frage wird mir zum roten Faden bei meiner Suche werden.

Meine Lieblingsvorstellung von Gott

Diesen letzten Gedanken möchte ich neu aufnehmen und versuchen, Dir meine Vorstellung von Deinem und damit zugleich auch unserem Werden aufzuzeichnen. Ich habe dazu mehrere Möglichkeiten entworfen, doch möchte ich Dir an dieser Stelle einmal meine Lieblingsvorstellung beschreiben.

In ihr sehe ich Dich als alles umfassende Liebeskraft, eine Kraft, die wesenhafte Züge trägt, fast bin ich geneigt zu sagen: menschliche Züge, was vielleicht nicht einmal ganz unsinnig ist. Ich gehe davon aus, daß eine derartig zentrale Kraft einer Ausbreitungsmöglichkeit bedarf.

Wenn ich aus menschlicher Erfahrung heraus das Wesen der Liebe genauer betrachte, dann sehe ich, daß selbst unsere gestörte Liebesfähigkeit ein Objekt, ein Ziel, ein Gegenüber nicht nur sucht, sondern geradezu benötigt, um ersehnte Erfüllung zu finden. Deine Liebe halte ich für grenzenlos und nehme daher an, wenn selbst wir unvollkommen liebenden Wesen unbedingt einen Partner benötigen, um wieviel mehr bist dann Du auf uns als Gegenpol Deiner Liebe angewiesen. Liebe als solche für sich allein im luftleeren Raum scheint mir undenkbar!

Ich glaube, daß Du Dich selbst liebst, weil ich das als Voraussetzung für jegliche Liebesfähigkeit ansehe. Keiner liebt wirklich, solange er nicht sich selbst als Mittelpunkt in sein Liebeszentrum rückt, denn erst von dort her kann sich die Liebe ausbreiten. Darum mag es auch sein, daß Du Dir Wesen nach Deinem Bilde schaffen mußtest, denn nur durch sie konnte in Dir Hoffnung auf Erfüllung Deiner Liebessehnsucht wachsen.

Ich stelle mir weiter vor, daß damit für Dich Deine

unglückliche Liebesgeschichte mit uns Menschen ihren Anfang nahm, und an den Ausgang dieser Geschichte wage ich kaum zu denken.

Das Dramatische an Deiner Beziehung zu uns sehe ich in der Tatsache, daß Gegenliebe immer nur auf freiwilliger Basis entstehen kann, anders ist es jedenfalls nach unseren Erfahrungen nicht möglich. Wir können gegenseitig keine Liebe erzwingen. Wo immer dieser Versuch unternommen wird, ist die Liebe zum Sterben verurteilt.

Wenn ich davon ausgehe, daß auch Du auf unsere Gegenliebe angewiesen bist, dann liegt für mich hier die Erklärung der menschlichen Entscheidungsfreiheit, sich für oder gegen Dich zu stellen, Dein Liebesangebot anzunehmen oder abzulehnen.

Durch unsere ganze Geschichte hindurch hast Du Zeichen gesetzt und Hinweise auf Deine Existenz gegeben. In allen Weltreligionen hattest Du Deine Boten. Wie immer sie Dein Wesen auslegten, es lag ihnen von Anfang an am Herzen, Deine Wirklichkeit uns Menschen nahezubringen. Für mich und die meisten Menschen aus meinem Kulturkreis ist Jesus der beweiskräftigste Bote Deines Seins geworden. Wenn Du nun den Menschen die freie Entscheidung zur Annahme oder Ablehnung Deines Liebesangebotes überlassen mußtest, dann gab es auch für Dich kein Ausweichen mehr vor den möglichen Folgen unserer Freiheit – die Du vielleicht schon geahnt hast, wenn auch noch Hoffnung Deine Entscheidung bestimmt haben mag, denn ist nicht auch die Hoffnung einer Deiner Wesenszüge?

Eine weitere Folgerung wäre, daß Deine Sehnsucht nach Erfüllung Deines Liebesverlangens riesengroß gewesen sein muß, so groß, daß Du Dir Milliarden Menschenleben erschaffen hast, um ein ausreichendes Echo zu erhalten. Dies ist eine ziemlich phantastische Vorstellung, und vielleicht ist sie ganz falsch, aber wenn sie auch reichlich abenteuerlich klingt, so ist sie vielleicht doch nicht abwegig.

Die Kirche redet nach wie vor ungebrochen vom allmächtigen Gott, weil ein ohnmächtiger, auf Gegenliebe angewiesener Gott sich zu allen Zeiten schlecht verkaufen läßt. Wenn ich mein Bild weiter zeichne, dann verschwindet die Vorstellung vom allmächtigen Gott unausweichlich. Ein Gott, der hilflos die Zerstörung seines Antlitzes – seiner Schöpfung – mitansehen muß, der sich vor Liebesverlangen verzehrt und auf ein Echo von seinen Geschöpfen wartet, der sein Spiegelbild in ihnen entdecken möchte, ein solcher Gott scheint den meisten Menschen wohl undenkbar. Denn immer wurden sie von den angeblich Wissenden belehrt, daß letztendlich Gott ihre Probleme lösen würde, wenn sie nur recht ordentlich nach seinen Geboten lebten. Ihre menschlichen Ordnungsvorstellungen gaben sie als Deine aus, so wurde es ihnen leichter, Macht und Einfluß zu gewinnen, und beides ist ihnen durch die Geschichte hindurch auch in überreichem Maße gelungen.

Du schufst uns nach Deinem Bilde, wir aber schufen Dich nach unserem Bilde, und diese Tatsache scheint mir eine folgenschwere und unglückselige Umkehrung zu sein. Dabei sollst Du warnend gesagt haben: »Du sollst dir kein Bildnis von mir machen.« Ob diese Warnung wirklich von Dir ausgeht oder menschlicher Überlegung entspringt, bleibt, wie alles übrige, was man als Dein Wort ausgibt, fraglich. Aber auch wenn es sich dabei nur um eine menschliche Annahme handelt, sie wäre nicht ohne tieferen Sinn. Es scheint mir ein gewaltiger Unterschied zu sein, ob Du uns nach Deinem Bilde gestaltest oder wir Dich nach dem unsrigen. Denn Du bist eine zusammenhängende, übergreifende Kraft, während wir wohl eher vereinzelte Kraftfelder darstellen, die für eine Gesamtschau nicht genügend ausgereift sind. Ich denke in diesem Zusammenhang wieder an das biblische Bild vom Leib und seinen Gliedern.

Kann das einzelne Haar auf dem Kopfe das Gesicht beschreiben, oder weiß die Leber, wie die Außenhaut aussieht? Wenn wir uns ein Bild von Dir machen, dann begeben wir uns auf den Weg der möglichen Irrtümer. Trotz dieses Wissens sind wir getrieben von der Hoffnung, Dich durch alle Zerrbilder hindurch doch noch zu erkennen.

Wenn ich daran denke, mit welch großer Sicherheit vielerorts und bei unzähligen Gelegenheiten von Dir gesprochen wird, dann wird mir klar, wie wenig selbstverständlich es uns ist, daß wir im Grunde kaum von Dir sprechen können. Daß auch wir an einem unerfüllten Liebesverlangen leiden und in Dir ein Gegenüber suchen, berechtigt uns noch lange nicht dazu, Dich festzuschreiben, selbst wenn das ein verständlicher Wunsch in unserem menschlichen Streben nach Sicherheit und feststehenden Bildern ist. Wir halten uns per Fotografie fest, und Bilder wurden von Menschen schon in frühester Zeit gemalt. Vielleicht weil wir uns nicht darauf verlassen können, daß wir den anderen ohne diese Hilfsmaßnahmen im rechten Lichte in Erinnerung behalten. Dasselbe haben wir mit Dir getan. Maler und Bildhauer aller Zeiten haben insbesondere Jesus – als Inbegriff Deines Seins – in Bildern und Statuen verewigt. In allen Religionen ist ähnliches geschehen.

Unser Bestreben, Dich in jeder Form dingfest zu machen, kennt kaum Grenzen, und vielleicht ist es auch ein ganz berechtigtes Bedürfnis, sich ein Bild machen zu wollen von dem Wesen, in dem man seinen Ursprung vermutet. Hast Du viel anderes getan, als Du uns nach Deinem Bilde schufst?

Trotzdem scheint mir Dein Verbot, uns ein Bildnis von Dir zu machen, seinen Sinn zu haben, denn Du bist im Gegensatz zu uns der Wissende. So magst Du unser Unvermögen, Dich wirklich zu erfassen, vorausgesehen und um die Gefahr, daß Du dabei zu einem Zerrbild entarten könntest, gewußt zu haben. All Deine Befürchtungen – und ich glaube, daß Du beim Eingehen Deiner Liebesbeziehung mit uns auch viel Furcht zu überwinden hattest – haben sich sichtbar erfüllt. Die Zerstörung Deines Antlitzes geht mit der Zerstörung unseres eigenen einher. So betrachtet, wärest Du uns auf tragische Weise ausgeliefert: Wir können mit Deiner Existenz machen, was wir wollen, wir können Dich auch einfach für nichtexistent erklären.

Das ist inzwischen alles geschehen. Wir leben in einem Zeitalter, in dem man Dir bereits den Totenschein ausgestellt hat, auch wenn die Kirche immer noch darauf besteht, daß Du am Leben geblieben seist.

Kann man aus Liebe sterben? Bei so wenig Gegenliebe, wie Du sie erhalten hast, wäre Dein Tod durchaus denkbar, aber es gibt selbst in unserem Leben die Erkenntnis, daß die Liebe trotz aller Verstümmelungen noch nicht unter uns ausgestorben ist. Immer noch leben wir in der Hoffnung auf Liebeserfüllung, sei es, daß wir diese Erwartung an Menschen oder an Dich richten. Da selbst unsere verkümmerte Liebeskraft noch nicht gänzlich erloschen ist, denke ich mir, daß Du immer noch lebst und auf Antwort von uns wartest.

Könnte ich Jesus genau beschreiben ...

Empörend unangepaßt?

Wenn meine Vorstellung von Dir und Deinem Verhältnis zu uns nicht unsinnig ist, dann komme ich zu dem Schluß, daß Du mit dem Eingehen Deiner Beziehung zu uns Deine Allmacht zugunsten unserer Freiheit aufgegeben hast. In dem Tod Deines Boten Jesus sehe ich eine Bestärkung dieser Annahme.

Bei Jesus möchte ich an dieser Stelle noch ein wenig in Gedanken verweilen. Er fasziniert mich immer wieder aufs neue, und mein Interesse, diesen kaum faßbaren Menschen zu ergründen, ist im Laufe meines bisherigen Lebens immer brennender geworden. Er ist zu einer anscheinend bekannten Größe geworden. Über ihn gibt es Aufzeichnungen, die uns eine genauere Vorstellung über seine Persönlichkeit ermöglichen.

Man hat uns den Begriff der Dreieinigkeit gelehrt, und nicht wenige Menschen haben im Umgang damit erhebliche Schwierigkeiten. Die Glaubensaussage lautet, daß Du für uns in diesem Jesus sichtbare Gestalt angenommen hast. An diese Aussage glaube ich, weil mir Jesu Bild im Verlauf meines Lebens immer eindringlicher wurde und mich nicht mehr losgelassen hat. Trotzdem wage ich nicht zu behaupten, ihn zu kennen, denn mein Denken um ihn nimmt kein Ende, und das ist für mich das sichere Zeichen dafür, wie wenig wir im Grunde von ihm wissen. Könnte ich ihn genau beschreiben, dann hätte ich wahrscheinlich Dich erfaßt. Der Wunsch, ihn noch näher zu erforschen, lebt in mir, und darum versuche ich in nächster Zeit das Unmögliche anzugehen.

Gestern abend war ich in einem Kreis von Menschen, in dem plötzlich Du unser wichtigstes Thema wurdest, und daher fällt es mir heute nicht schwer, all die Fragen dieser acht Menschen hier noch einmal zusammenzutragen. Vielleicht gelingt es mir, sie zu bündeln, um mir vieles noch klarer zu machen. Da ich als einzige aussprach, daß ich an Deine Existenz glaube, stand ich schnell als Befragte im Mittelpunkt.

Ich schilderte ein wenig meine Lieblingsvorstellung von Dir, und sie blieb nicht unbestritten. Als der Name Jesus fiel, brandete Empörung auf, weil ich ihn ein Beispiel für wahres Menschentum nannte, denn für mich übernimmt er eine derartige Hinweisfunktion.

Seine Lebenshaltung wurde in Frage gestellt, gestern abend so wie vor zweitausend Jahren. Den einen ist er nicht revolutionär genug gewesen, den anderen erscheint seine Lebenseinstellung wenig nachahmenswert. Was hat er zum Beispiel mit seiner Familie getan? Mit welch harten Worten die Mutter abgewiesen? Anderen Familien hat er durch den Ruf: »Folge mir nach!« den Vater, Bruder, Ernährer oder wen auch immer entzogen. Und überhaupt, von Arbeit schien er zumindest in den letzten Jahren seines Lebens nicht viel gehalten zu. Er und seine engsten Nachfolger lebten auf Kosten anderer, sie führten kein geregeltes Leben. Jesus gab keineswegs nur lauter friedliche Lebensanweisungen, sie waren eher beunruhigend, denkt man an Worte wie »Ich bin nicht gekommen, Frieden zu bringen«, oder »Wer Vater und Mutter mehr liebt als mich, ist meiner nicht wert«, oder auch ganz einfach an den Inhalt der Bergpredigt. Über sie ist die Kirche – und nicht nur sie – heute in heftigstes Nachdenken geraten. Man kann nicht gerade behaupten, daß sie die Gemüter friedevoll vereint hätte, eher scheint sich das Wort: »Ich bin nicht gekommen, Frieden zu stiften« allerorten zu bewahrheiten.

Eine mögliche Antwort auf die eben genannten

Fragen könnte so aussehen: Für mich ist Jesus ein überzeugender Modellträger für das Wagnis, menschliches Sein Deinem Willen entsprechend zu leben. Er ist das Risiko eingegangen, alle in uns angelegten guten Fähigkeiten und Begabungen in seinem Leben zu verwirklichen, und rein äußerlich betrachtet ist er dabei gescheitert.

In ihm sehe ich Dein einziges unverzerrtes Ebenbild auf dieser Erde. Wenn Du uns wirklich nach Deinem Bilde geschaffen hast, dann glaube ich im Antlitz dieses Menschen Dich erkennen zu können. So wie er sich der Menschheit vorgestellt hat, so hast Du Dir möglicherweise Deine Geschöpfe gedacht.

Im einzelnen will ich nun aber auf die massiven Vorwürfe eingehen, die ihm zum Beispiel gestern abend gemacht wurden. Einer aus unserem Kreis hielt sein Vorbild für geradezu gefährlich. Sein Vorwurf lief darauf hinaus, wenn wir so wie er handeln würden, wäre die Verantwortungslosigkeit geradezu vorprogrammiert. Obwohl der Vergleich in jeder Beziehung hinkt, fällt mir dazu die schillernde Figur des Gurus Bhagwan ein. Oberflächlich betrachtet, gibt es einige äußerliche Übereinstimmungen. Der Ruf: »Folget mir nach!« gilt in etwa auch für ihn, und es sind nicht wenige, die diesem Lockruf gefolgt sind. Sie sind Outsider, wie Jesus einer war. Lebte er heute, würde er vielleicht ungestörter wirken können, denn selbst Bhagwan, der an der Sehnsucht der Menschen nach mehr Selbstverwirklichung nicht zu knapp verdient und sich auf Kosten dieser Suchenden ein kleines Imperium aufgebaut hat, kann dies fast ungehindert tun. Niemand hat ihn bisher ernsthaft angegriffen, keiner ihm mit Kreuzigung gedroht. Wir leben in einer anderen Zeit, und darum hinken auch alle Vergleiche, aber an Aktualität hat Jesu Outsider-Dasein bis heute nichts verloren.

Eine Kreuzigung ist ganz sicher eine äußerst qualvolle Todesart, doch wenn ich daran denke, was durch die Geschichte hindurch bis zum heutigen Tag Menschen an entsetzlichen und zeitlich weitaus längeren Folterungen haben über sich ergehen lassen müssen, dann fällt es mir sehr schwer, hier dem gängigen Gerede der Kirche über Jesu besonderen Leidensweg zu folgen. Immerhin gibt es auch heute noch in den sogenannten zivilisierten Ländern die Todesstrafe. So berühren mich persönlich Detailberichte von täglich geschehenden Folterungen sehr viel mehr als der Gedanke an Jesu Kreuzigung. Es gab und gibt viel schlimmere Todesarten auf dieser Welt. Jesu Tod war in der Tat ein besonderer, aber für mich aus einer ganz anderen Perspektive heraus, weniger im Blick auf das Sterbegeschehen selbst.

Für die Kirche symbolisiert sich sein Sterbeprozeß in Kreuz und Dornenkrone, und ich meine, daß mit dieser Überbetonung des Sterbegeschehens von der eigentlichen Bedeutung seines Lebens abgelenkt wurde. Er wurde den Christen als Schmerzensmann dargestellt, als Lamm, als Opfertier, das Du als Sühneopfer zur Vergebung unserer Sünden gefordert hast. Und daher treffen wir in jeder christlichen Kirche auf das Kreuz als Symbol für Jesu erlittene Schmerzen.

Wie sollen wir uns eigentlich zu dieser Leidens- und Opfergeschichte verhalten? Solch ein Bild muß in den Menschen doch zwangsweise Schuldgefühle hervorrufen, und daß diese entstehen sollten, lag ganz sicher in der Absicht der Verkünder dieser Schuld- und Sühnetheorien. Zu all den Schuldgefühlen, die unser tägliches Leben ohnehin mit sich bringt, kommt für den bewußten Christen nun noch diese erdrükkende Last hinzu.

Es ist fatal, wie sehr der Blick auf sein qualvolles Sterben uns die Sicht auf sein Leben verstellt hat.

Aber überall dort, wo man Schuldgefühle in uns hervorruft, haben wir keine freie Sicht mehr und können das Geschehen um uns herum nur noch aus einem eingeschränkten Blickwinkel heraus betrachten.

Ostern wird in der Kirche allgemein höher eingeschätzt als der Karfreitag, doch der Hang, den Blick auf den Gekreuzigten zu lenken, überwiegt bei sehr vielen Verkündigern des Wortes.

Ich möchte mich wieder mehr mit Jesu Leben und Wirken befassen, zu dessen Endpunkt wird mich diese Arbeit im Laufe der Zeit noch hinführen, und dann werde ich mich intensiver damit auseinandersetzen. Am eindrucksvollsten erlebe ich an Jesus, daß er sich selbst, in allen uns überlieferten Situationen, stets treu blieb.

Wenn jemand sich selbst treu bleiben will, dann muß er sich unter Umständen gegen die überbeschützende Art der Eltern auflehnen oder sich auch von einem Partner abgrenzen, der ihm den Lebensraum verkürzt. Er muß vielleicht auf dem Wege zur Selbstfindung zeitweilig aus dem Berufsleben aussteigen oder sein Arbeitsfeld ganz verändern, um dadurch mehr Freiraum für ein bewußteres Leben zu bekommen. Jeder, der auf diese Weise aus dem gewohnten Alltag ausbricht, könnte, wenn sein Aussteigen überzeugende Formen annimmt, auch Nachfolger finden. Sein unausgesprochenes »Folge mir nach!« könnte sich so auf ganz moderne Weise ergeben.

Es ließen sich noch eine Reihe von Beispielen für mögliche Veränderungen unserer oftmals unheilvollen Lebensumstände anführen, doch mag diese kleine Auswahl genügen, um zu veranschaulichen, wie aktuell Jesu eindeutige Haltung für uns werden kann, wenn die Lebensumstände uns zu Entscheidungen zwingen.

Beim Schreiben wird mir immer deutlicher, wie unterschiedlich Menschen sich diesem Jesus nähern können. Fast scheint es mir, als wäre ich im Vorteil gegenüber vielen anderen, die Jesus weder als Vorbild noch als bedenkenswerte Person ansehen. Ich habe von Kindheit an über ihn nachgedacht, und manchmal erscheint er mir schon sehr vertraut, doch sicher habe ich noch nicht alle in ihm verborgenen Lebensvorschläge erfaßt.

Sein unorthodoxer Lebensstil spricht mich sehr an. Mag sein, daß mein geliebter unangepaßter Großvater mir, wenn auch gänzlich unbeabsichtigt, einen leichteren Zugang zu diesem Menschen geschaffen hat. Mich empört weder die schroffe Haltung, die er seiner Familie gegenüber einnahm, noch finde ich es beklagenswert, daß er seinen Beruf aufgab, um zu sich selbst zu finden und seine gewonnenen Einsichten verbreiten zu können. Und auch das scheinbar verantwortungslose Verhalten seiner Jünger ihren Familien gegenüber ärgert mich nicht. In ihrem Alltag muß der zündende Funke gefehlt haben, mit Jesu Eintritt in ihr Leben sind sie offenbar in Brand geraten.

Alle nicht nur oberflächlich denkenden Menschen sind auf der Suche nach einem nachahmenswerten Lebensmodell. Ich meine, in Jesus ließe sich eines finden, wenn unser Blickwinkel nicht so eingeschränkt wäre. Unsere Ängste vor den Folgen von unangepaßtem Verhalten lassen uns ein Leben nach seinem Vorbild undenkbar erscheinen. Und da wir uns im übrigen nicht so besonders lieben, verzichten wir in der Regel auch auf ein Leben, das unseren eigentlichen Bedürfnissen entspräche, denn daß diese womöglich unangemessen sind, hat man uns oft genug gelehrt, und so haben wir im allgemeinen darauf verzichtet, sie wirklich ernst zu nehmen.

Schwierige Nachfolge

Ich glaube, daß Jesus zuallererst einmal sich selbst geliebt hat. Er nahm seine Bedürfnisse so ernst, daß er auf ihre Erfüllung nicht verzichten wollte und konnte. Im Gegensatz zu den meisten Menschen hat er sie nicht verdrängt, auch auf die Gefahr hin, mit dieser Konsequenz seine Zeitgenossen gegen sich aufzubringen. So wird er gewußt haben, wie konfliktgeladen seine Botschaft war für die Menschen, die sich darauf einlassen wollten.

Zu sich selbst zu finden, Bedürfnisse auszuleben statt zu verdrängen, einengende Bindungen zu Eltern und Familie aufzulösen, auf Menschen zuzugehen, mit denen man normalerweise nichts zu schaffen hat – vor denen man vielleicht sogar Angst hat –, aus einer festgefügten Glaubenshierarchie auszubrechen und ein eigenes nicht vorgezeichnetes Glaubensverhältnis mit Dir einzugehen, das alles und noch vieles mehr war für Jesus damals lebensgefährlich und ist auch für uns heute zumindest sehr risikoreich. Auch wenn uns keine Kreuzigung droht, so doch vielleicht die ganze Bandbreite von Unverständnis bis hin zur Drohung des Ausschlusses aus der sogenannten normalen Gesellschaft. Somit wäre es auch nicht unbedenklich, Jesu Lebenshaltung anderen Menschen und mir selbst ohne Einschränkung zu empfehlen, immerhin ist er mit seiner Lebensweise nicht alt geworden. Und wir mögen uns ängstlich fragen, ob es denn überhaupt möglich ist, für längere Zeit seinem Lebensmuster zu folgen, selbst wenn man uns nicht gleich umbringt. Denn Kompromißlosigkeit in Bereichen, wo uns der Wahnsinn unter der Maske der Vernunft begegnet, gilt bei den »Vernünftigen« als Verrücktheit. So stünden wir in der Gefahr, mitleidig belächelt und für leicht verrückt gehalten zu werden.

Es gäbe genug Bedenken, die uns davon abhalten könnten, in Jesu Nachfolge zu treten. Der Protest, der sich in unserer kleinen Gruppe gegen diesen Menschen erhob, scheint mir stellvertretend für diejenigen zu sein, die ihn entweder für einen idealistischen Spinner oder eben nicht für ein empfehlenswertes Vorbild halten.

Unsere beiden großen christlichen Kirchen benennen sich nach seinem Namen und raten, seine Nachfolger zu werden. Doch die meisten Gläubigen wirken bei genauem Hinsehen weder befreit noch erlöst oder auch ermutigend für noch nicht Dazugehörige. Wenn ich sehe, wie flüchtig sich die im sonntäglichen Gottesdienst verkündigte frohe Botschaft erweist, dann stelle ich wohl nicht zu Unrecht fest, daß die meisten Verkündiger und Gläubigen für sich selbst die wirklich befreiende Kraft dieser Botschaft noch nicht erfahren haben.

Nietzsches Ausspruch: »Die Christen müßten erlöster aussehen, wenn man ihnen den Erlöser ansehen soll« fällt mir hierzu ein. Weiter fällt mir auf, wie wunderbar angepaßt und unauffällig unsere Kirchen im Leben der Menschen und der Öffentlichkeit stehen, und kann bei ihnen wenig Ähnlichkeit mit dem feststellen, von dem sie künden. Es gibt zum Glück heute auch mutige Geistliche, denen man anmerkt, daß sie mehr von dem begriffen haben, von dem sie sprechen, doch stehen sie in ständiger Gefahr, ihre Gelöstheit im Kampf gegen die Hierarchie und die Verstocktheit ihrer Gemeinden zu verlieren.

In einem Gespräch gab ich einmal den Nietzscheausspruch wieder, und sofort kam Protest, berechtigt auf den ersten Blick. Es wurde entgegnet, daß auch ein Christ nicht immer nur erlöst aussehen könne, selbst wenn er die befreiende Kraft dieser Botschaft erfahren habe. Das ist richtig. Es gibt leider mehr Trauriges und Niederdrückendes sowohl in unserem persönlichen Leben als auch im Blick auf unsere Mitmenschen und die Welt insgesamt. Da ist es für ernsthafte Menschen fast anstößig, wenn einer daherkommt und vorwiegend heiter ausschaut. Entspannt und gelöst sein paßt weder zur Lage im einzelnen und besonderen noch im ganzen. Wer sich trotz allem Heiterkeit gestattet, gerät leicht in den Verdacht, ein oberflächlicher Mensch zu sein, der die wahre Tiefe und Schwere des menschlichen Daseins noch nicht erfaßt hat, der darum eigentlich zu bedauern ist und nicht ernst genommen werden kann. Hinzu kommt, daß auch Jesus nicht immer heiter war. Die meisten Bilder, die wir von ihm gesehen haben, zeigen ihn in einer Leidenshaltung, oder er wird mit entrücktem Gesichtsausdruck und Heiligenschein dargestellt.

Damit wollen wir uns auch nicht messen, denn ein entrückter Gesichtsausdruck würde eher mit Verrücktheit in Zusammenhang gebracht werden, und der berühmte Heiligenschein geht leicht mit Scheinheiligkeit einher.

Wo liegt bei alledem der Irrtum, mein Gott? Wenn ich bei diesen Gedanken stehenbleiben wollte, dann könnte ich nicht mehr von einer frohen, frohmachenden Botschaft sprechen.

In der Wüste

Irgendwo las ich den tiefgründigen Satz: »Das Unbekannte ist nicht das Gegenteil des Bekannten, es liegt nur im Bekannten verborgen.« Von diesem Satz möchte ich mich leiten lassen, er könnte mir zum Leitgedanken werden bei meiner Suche nach Dir.

Jesus ist zu einer relativ bekannten Persönlichkeit geworden, er ist für uns eher vorstellbar, als Du es bist. Doch all meine festen Vorstellungen möchte ich einmal loslassen und meiner Phantasie genug Spielraum geben, um mir noch unbekannte, weniger ins Blickfeld gerückte Wesenszüge dieses Menschen zu vergegenwärtigen. Das wird ein schwieriges Unternehmen, aber es reizt mich doch sehr. Vielleicht gelingt es mir dabei, die Konturen des alten Bildes zu verändern.

In meiner Phantasie sehe ich einen jungen Mann von anhiehendem Wesen und mit einem ausdrucksvollen Äußeren. Diesem Mann wurde es zur Gewißheit, daß er einen besonderen Auftrag zu erfüllen hatte, denn schon seit langem hatte er eine eigene Beziehung zu Dir, die den normalen Glaubensrahmen seiner Familie und Gesellschaft sprengte. Er nimmt seinen Sendungsauftrag an und begibt sich in die Wüste, um sich in der Einsamkeit noch einmal zu prüfen und sich auf die neue Aufgabe meditativ vorzubereiten.

Mag sein, daß ihm in dieser Zeit auch Zweifel an sich selbst gekommen sind, vielleicht ist sein Schatten stärker in den Vordergrund getreten. Die Bibel spricht von Versuchungen und bringt sogar den Teufel ins Spiel. Ich sehe Jesus mehr in einem dramatischen Kampf mit sich selbst. Sein waches Gewissen mag ihm gesagt haben, daß er all das, was er für sich erfaßt hatte, an andere Menschen weitergeben sollte, daß er dazu beitragen könnte, das Bewußtsein der Menschen für ihre Lieblosigkeit und deren Folgen zu schärfen.

Sein besonderes Verhältnis zu Dir hatte ihn ungemein sensibilisiert für alles, was um ihn herum geschah. Sein Gefühl für Liebe und Lieblosigkeit, Erbarmen und Urteil, Recht und Unrecht war von daher stärker ausgeprägt als bei seinen Mitmenschen.

Schon in seiner Kindheit mochte sich diese geistige Wachheit überall bemerkbar gemacht haben, und selbst seine Eltern mögen sich häufig von seiner scharfsichtigen Beurteilungsgabe geschlagen gegeben haben. Wahrscheinlich nahm er schon in seiner Familie eine besondere Position ein und wurde nicht immer verstanden. Vielleicht mag seine Eltern manchmal Furcht beschlichen haben, wenn sie daran dachten. Und dann erfüllen sich eines Tages ihre Ahnungen. Der Sohn verläßt sie, gibt seinen Beruf auf, geht nicht den von der Gesellschaft vorgezeichneten Weg, sondern begibt sich in die Wüste.

Es mag ihn in der Wüsteneinsamkeit bei all seinen Erwägungen die Angst überfallen haben, ob er sich in seinem Vorhaben nicht gänzlich überschätze. Ich gehe nicht davon aus, daß sich sein Geist in dieser Zeit verdunkelte, aber ich glaube, daß er nicht ungefährdet war. Von Angst bis zur Euphorie mag sich alles in ihm abgespielt haben. Vielleicht ist am Ende der dramatischen Tage wirklich ein Engel erschienen und hat durch sein Erscheinen ein für ihn sichtbares Zeichen für die Richtigkeit seines vor ihm liegenden Weges gesetzt. Wahrscheinlich aber hat die selbstgewählte Einsamkeit ein Austragen des Kampfes mit den letzten Zweifeln an seinem Auftrag ermöglicht. Er war gewiß nicht naiv und wird darum gewußt haben, wie vielen Feinden er auf diesem Wege begegnen würde.

Ich bin davon überzeugt, daß er in dieser Klärungsphase ganz zu sich selbst gekommen ist, mehr noch, als er vorher schon bei sich war. Er mag gedacht haben: »Ich kann von meinen Einsichten nicht mehr ablassen. Wenn ich diesen Weg nicht gehe, dann werde ich nie mehr eins sein können mit mir und darum auch nicht mit Dir, mein Gott.«

Als er die Wüste verließ, muß er sich seiner selbst und auch Deiner Nähe gewiß gewesen sein, denn sonst hätte er niemals diese starke Ausstrahlung haben können, die so viele Menschen anzog.

Menschen, die sich ihrer selbst sicher sind, haben eine besonders anziehende Wirkung. Jesu Anziehungskraft muß um vieles stärker gewesen sein, als sie uns hin und wieder bei einem Menschen begegnet. Er war von der Bestimmung seines Weges überzeugt und ging nun unmittelbar auf die Männer zu, die dann auch zu seinen Jüngern wurden. Als er sie zur Nachfolge aufrief, muß er sicher gewesen sein, daß seine Botschaft all das ausgleichen kann, was ein Verlassen der Familie in ihnen bewirken würde. Die Faszination, die von Jesus ausging, ließ sie nicht lange zögern, obwohl es eine Menge Bedenken hätte geben können. Was die Angehörigen der Jünger zu ihrer Nachfolge gesagt haben, ist uns nicht bekannt, wahrscheinlich waren sie aber nicht alle davon begeistert.

Je mehr wir uns selbst kennen- und einschätzen lernen, desto fähiger werden wir in der richtigen Beurteilung unserer Mitmenschen. Jesu Hellsichtigkeit war sicher auf dem Boden der Selbsterkenntnis gewachsen. Diese Fähigkeit wird ihn bei der Wahl seiner Jünger geleitet haben, auch wenn ein Judas zu ihnen gehörte.

An dieser Stelle fällt mir ein Rollenspiel ein, das wir in einer Gruppe durchführten. Wir versetzten uns in die Lage der Menschen, die ebenfalls alles für ihn aufgegeben hätten, wenn sein Aufruf an sie gegangen wäre. Wir spielten im kleinen Kreis unsere Reaktionen durch. Was würden wir empfinden, wenn er unser Angebot, immer in seiner Nähe bleiben zu wollen, ablehnte, weil er schon genug Vertraute hatte? Jeder von uns reagierte anders. Die Reaktionen reichten von einfacher Annahme der Ablehnung

– wenn auch mit Trauer verbunden – bis hin zum Protest und zum ständigen Nachlaufen, in der Hoffnung, daß er sich doch noch erweichen lassen würde. Das war nur ein Spiel, es wurde uns dabei jedoch deutlich, daß wahrscheinlich viele Menschen die Jünger um ihre nahe Beziehung zu Jesus sehr beneidet haben.

Diese Gedanken bringen mich zurück zu meiner eigenen Position. Wenn ich mir dieses fast unmögliche Nachzeichnen der Persönlichkeitskonturen des Jesus von Nazareth vornehme, so tue ich das, weil ich glaube, daß uns in ihm Dein Spiegelbild entgegensieht, und ich hoffe, mit meinem Versuch den für mich blind gewordenen Spiegel zu reinigen und damit Dein Bild deutlicher erkennbar zu machen.

Ganz sicher gibt es Menschen, die Dich mit gleich starkem Antrieb suchen wie ich, und wahrscheinlich gibt es unter ihnen wieder einige, deren Vorstellung meiner ähnlich ist. Da ich sie aber nicht immer in der Nähe habe, muß ich oftmals auf einen Gedankenaustausch verzichten. Dabei fehlt es mir nicht an Gesprächspartnern, die Interesse an Dir haben, und doch hat jeder eine andere Vorstellung. Wir brauchten miteinander unendlich viel Zeit für eine Annäherung im Gespräch.

Es ist schon schwierig genug, uns mit all unseren Eigenarten dem anderen verständlich zu machen, bereits im Vorfeld der Glaubensauseinandersetzung gilt es, persönliche Barrieren zu überwinden. Ist man sich ein bißchen näher gekommen und die Chance für ein gemeinsames Suchen gegeben, dann bleiben wir auch dabei häufig nur in den Anfängen stecken. Oftmals werden Fragen nur angerissen, selten bleibt genug Zeit zum Ausdiskutieren, der Alltag fordert seinen Tribut und läßt uns nicht ungestört sein bei unserer Suche. Diese Tatsache ist zwar bedauerlich, aber sicherlich nicht ohne tieferen Sinn. Vielleicht können wir Dich nur in der Einsamkeit erfahren. Möglicherweise ist dort der Ort der Begegnung und nur dort.

Alle Gemeinsamkeit, aller Austausch mit anderen mag von großer Bedeutung und auch unersetzlich sein, um sich überhaupt auf diesen Weg zu wagen. Andere Menschen mögen uns ermutigen, wenn ihre Lebensweise uns glaubwürdig erscheint, doch können sie uns nichts von der Last des eigenen Weges abnehmen. Die wirklich glaubwürdigen Menschen sind ohnehin dünn gesät, und ich glaube, daß gerade sie in der »Wüste« gewesen sind und uns von daher nicht nur auf die Lichtseiten der möglichen Erfahrungen hinweisen können.

Auch ich habe mich zuzeiten in der Wüste wiedergefunden, ich wage sogar zu behaupten, Dir dort begegnet zu sein, doch diese Begegnungen hatten keinen endgültigen Charakter, sie wurden nur zur immer neuen Triebfeder des Suchens, und darin liegt vielleicht auch ihr eigentlicher Sinn.

Wie Jesus auf Dich treffen

Ich bin nicht frei von Zweifeln, ob ich mich mit diesen »Briefen« nicht auf ein zu schwieriges, ja unmögliches Unterfangen einlasse. Immerhin will ich auf diese Weise einen neuen Entwurf von Dir wagen, ein wahrlich anspruchsvolles Vorhaben. Vielleicht liegt aber gerade darin eine Chance zu einer endgültigen Befreiung aus den vorgegebenen Glaubensrichtlinien.

Von Kindheit an ist in mir der Wunsch und Wille gewachsen, mich aus der beengenden Sichtweise der

Kirchen und Glaubensgemeinschaften herauszulösen, um eigene Wege gehen zu können. Diesem Wunsch bin ich bisher, soweit es mir möglich war, auch nachgekommen. Ich kann mit dem gängigen Gottesbild wenig anfangen und bin daher ständig auf der Suche nach Menschen, die meinen Fragen näher stehen. Immer wieder erhielt ich gute Gedankenimpulse und bin dankbar, daß heute innerhalb der Kirche die Zahl derjenigen wächst, die sich nicht mehr so einfach mit der herkömmlichen Gottesvorstellung abfinden. Trotz allen Zweifels an der Durchführbarkeit dieser mir selbst gestellten Aufgabe habe ich die Hoffnung, daß mir diese Arbeitsweise hilft, Antworten auf meine Glaubensfragen zu finden. Darum will ich jetzt auch nicht bei meinen Zweifeln stehenbleiben, sondern mich aufs neue Jesus und seiner Geschichte zuwenden.

Ich frage mich, ob Jesus wirklich in ganz anderer Weise als wir Dein Sohn war und was es mit unserer Kindschaft auf sich hat. Das ist für mich eine brennende Frage, weil von der richtigen Antwort so ungemein viel abhängt.

Die Auslegung der Kirchen ist mir bekannt, aber ich kann sie nicht fraglos übernehmen, weil in mir im Verlauf meines bisherigen Lebens eine andere Antwort gewachsen ist.

Ich glaube weder an eine Jungfrauengeburt noch daran, daß Jesus ein besonderes Geistwesen war, vielmehr sehe ich in ihm einen Boten, der uns Deine Vorstellung vom Menschsein durch sein Leben veranschaulichen sollte. Es hat vor und nach ihm viele Boten gegeben, auch in neuerer Zeit, wenn wir zum Beispiel an Ghandi, Martin Luther King oder Albert Schweitzer denken, Menschen, deren Antlitz uns menschlicher erscheint und die uns darum eine Botschaft zu übermitteln haben. Sie alle sind mehr oder weniger Wahrheitsträger, Wegweiser für wahre Menschlichkeit. Jesus erscheint mir unter all diesen Persönlichkeiten die eindringlichste und überzeugendste zu sein, er wurde zu einem unübersehbaren Richtungsweiser. Er ist mir durch die Lehren der Kirche vertraut geworden, gleichzeitig aber hat sie mit dazu beigetragen, mir den Zugang zu seinem wahren Wesen zu verbauen. Nicht zuletzt deshalb sitze ich heute hier bei dieser doch recht mühevollen Arbeit, um durch alles Bekannte hindurch einen Zugang zu dem in Wahrheit noch Unbekannten zu finden.

Wie Du Dich Deinen Boten zu erkennen gibst, weiß ich nicht, und daher werde ich wohl kaum enträtseln können, warum Jesus genau so wurde, wie er in die Geschichte einging. Es bleibt Dein Geheimnis, warum es einige Menschen gibt, denen Du scheinbar näher stehst als anderen, aber vielleicht ist das wirklich nur scheinbar, weil uns die rechte Erkenntnis fehlt.

Ich glaube, daß Du im Grunde allen Menschen gleich nahe bist, nur haben wir das nötige Bewußtsein für diese Nähe verloren. Zu allen Zeiten hat es Menschen gegeben, die einen Sendungsauftrag in sich vernahmen, dem sie sich nicht entziehen konnten. Den meisten Menschen ist die Bequemlichkeit und der Wunsch, möglichst wenig zu leiden, am wichtigsten. Wahrscheinlich blitzt in jedem von uns hin und wieder der Gedanke auf, daß wir vielleicht zu mehr berufen sind als zu diesem selbstgewählten Mittelmaß. Ich denke, daß diejenigen, die man als Deine Boten bezeichnet, in der Lage waren, derartige Gedankenblitze festzuhalten, sich auf sie einzulassen und alle Zweifel und Ängste, die ganz sicher auch in ihnen vorhanden waren, zu überwinden.

Das Plazieren Deiner Boten auf eine göttliche Ebene ist für uns im Grunde etwas ungemein Praktisches. Wir verleihen einem Jesus den Status der Gottheit, und schon sind wir heraus aus dem Wettbewerb. Ein solcher Akt enthebt uns aller Mühen einer echten Nachfolge. Warum aber hat Jesus gesagt: »Folget mir nach!«? Kann das jemand sagen, der sich selbst für ein Geistwesen hält?

Ich glaube das einfach nicht. Ich denke, daß Jesus ein Mensch war, wie wir alle es im Grunde unseres Wesens sind, und es wäre unglaublich bereichernd für uns, wenn wir diesen verschütteten Kern wieder freilegen könnten. Mir scheint, daß Jesus das Glück hatte, in die Tiefe seines Wesens vorzudringen. Ich glaube weiter, daß ein Mensch, der soweit zu sich selbst findet, damit auch auf Dich trifft oder auf seinen eigenen göttlichen Anteil.

Jesus muß auf dem Wege nach Innen auf all die Kräfte gestoßen sein, die sich dann für den Menschen eröffnen – ich meine für jeden Menschen –, wenn er der Ahnung um seine Gemeinsamkeit mit Dir nachgeht und sich auf diesem Wege nicht durch Zweifel und Fragen ablenken läßt.

Am Ende dieses Weges muß ihn die Erkenntnis der Verbundenheit von Gott und Mensch – das Bewußtsein Deiner hilfreichen Nähe – getroffen haben. Vielleicht hat er derartige Erfahrungen in seiner Wüsteneinsamkeit gemacht oder fand dort letzte Gewißheit über Dein Verhältnis zu uns Menschen.

Dazu fällt mir ein Ausspruch von Novalis ein, der etwa diesen Punkt treffen könnte: »Einem gelang es, er hob den Schleier der Göttin zu Sais. Aber was sah er? – Er sah, Wunder des Wunders, sich selbst.«

Jesus hat den Auftrag zu wahrem Menschsein nicht zugunsten seiner Bequemlichkeit abgelehnt. Dieser Auftrag schließt radikale Selbstverwirklichung ein, was wiederum dem, der damit Ernst macht, in dieser Welt einen Leidensweg bescheren wird. Die wenigen, die diesen Weg der Umkehr und Hinwendung zu einem nicht fremdbestimmten Leben gehen, stoßen zwangsläufig auf den Widerstand und nicht selten auch auf den Haß derjenigen, die sich durch diese neue Lebenseinstellung beunruhigt, gestört und in Frage gestellt fühlen.

Das kompromißlose Auftreten und Wirken eines Menschen wie Jesus muß für seine Zeitgenossen einen höchst ärgerlichen Charakter gehabt haben. Seine Art zu leben mag sie an die verdrängten lichten Momente in ihrem Leben erinnert haben, in denen ihnen vielleicht für einen Augenblick die Möglichkeit zu einem erfüllteren Dasein bewußt wurde. Ähnliche Gefühle kennen wir alle, wenn uns Menschen begegnen, die unser Lebenskonzept durch ihr Dasein in Frage stellen. Es gibt auch unter uns Menschen, die uns durch ihren Einsatz für mehr Menschlichkeit beschämen, und nur zu schnell haben wir Entschuldigungen zur Hand, mit denen wir unsere Untätigkeit rechtfertigen.

Es gab einen Albert Schweitzer, und es gibt immer noch eine Mutter Teresa, Menschen, die stellvertretend für uns wahre Menschlichkeit verwirklichen und die im Grunde in ihrem Einsatz überfordert sind. Solch ein Stellvertreterdasein bringt immer überhöhte Anforderungen für die Betreffenden mit sich, denn im Grunde müßten wir alle zu solch humanitären Diensten bereit sein. Jeder sollte selbstverantwortlich leben können, so daß niemand für den anderen Verantwortung zu übernehmen brauchte.

Jesu Selbstbewußtsein muß so stark gewesen sein, daß viele, die mit ihm in Berührung kamen, den Versuch unternahmen, ihr Leben selbstverantwortlich zu führen. Ich glaube nicht, daß Jesus den Menschen hätte helfen können, wenn er die Verantwortung für ihr Leben hätte übernehmen müssen, damit wäre er überfordert gewesen. Seine Ausstrahlung muß soviel Überzeugungskraft gehabt haben, daß diejenigen, die sich für seine Botschaft öffneten, zur Nachfolge ermutigt wurden. Die Probleme, die echte Nachfolge mit sich bringt, konnte er ihnen allerdings nicht abnehmen, nicht wenige mußten dafür ihr Leben lassen. Er hat ihnen Deine Liebe als neuformulierte Botschaft zugesprochen. Seine Worte müssen die Menschen wohl deshalb so stark angesprochen haben, weil Deine Zusagen an ihm selbst so deutlich erfahrbar waren. Er lebte die Liebe, er sorgte sich um ihr leibliches und seelisches Wohlbefinden, er sprach ihnen Vergebung der Sünden zu, weil er für sich selbst Vergebung erfahren hatte und um die befreiende Kraft wußte, die aus dem Lossprechen erwachsen kann.

Vielen Menschen wird auch heute noch die Beichte zu einer wirklichen Lebenshilfe, obwohl ich davon überzeugt bin, daß wir für solch eine Möglichkeit nicht unbedingt einen Priester brauchten. Jesus muß erfahren haben, daß dem Menschen in dem Moment, in dem er sich auf seine eigentliche Bestimmung besinnt und daraufhin sein Leben ändert, all seine Verfehlungen vergeben sind. Sein Ruf: »Tut Buße!« wird aus dieser Erfahrung heraus an die Menschen gerichtet gewesen sein. Wer Buße tut, also umkehrt und sein Leben neu ausrichtet, dem sind mit dieser Umkehr seine Sünden vergeben. Da brauchst Du nichts weiter dazuzutun, der Mensch tritt sozusagen von allein in einen Selbstheilungsprozeß ein.

Das Leiden und die Liebe

Wir haben gelernt, daß wir uns unentwegt vor Dir versündigen und daß Jesus nicht zuletzt deshalb gekreuzigt wurde, um unsere Sünden zu sühnen. Demnach wäre Dir unser sündhaftes Verhalten unerträglich.

Ich bemerke, daß mich der Begriff Sünde an dieser Stelle zu neuem Überdenken reizt. Das liegt sicher daran, daß mir dieses Wort von Kindheit an vertraut ist und mich zu stärkstem Widerspruch herausgefordert hat. Schon damals wehrte ich mich dagegen, daß für mein schuldhaftes Verhalten Jesus ans Kreuz gehen mußte, damit meine Sünden vor Dir Vergebung finden. Die Vorstellung, daß »Gottes Sohn« auch für mich sterben mußte, erwirkte in mir jedenfalls nicht die angebliche Befreiung.

Wenn Du uns Menschen nun einmal so geschaffen hast, wie wir sind, dann mußt Du auch die Folgen dafür übernehmen. Diese Überlegung verschaffte mir eine gewisse trotzige Haltung gegenüber den christlichen Ansprüchen, die ja auch in mir eine Büßerhaltung hervorrufen sollten. Ich konnte diesen merkwürdigen Aussagen einfach nicht glauben, und lehnte mich auf gegen einen Vatergott, dessen Zorn nur noch mit dem Blut seines eigenen Sohnes zu stillen ist. Ich kam mir nicht so sündhaft vor, wie man es mir einreden wollte, und ich hatte Dich auch nicht gebeten, Jesus für mich sterben zu lassen.

Aus diesen Überlegungen heraus konnte ich auch mit dem Abendmahl nichts mehr anfangen, denn dabei ging es wieder um Opferblut und -leib, und ich war nicht länger gewillt, dieses Opfer, auch wenn es nur symbolischen Charakter hat, immer wieder für mich zu fordern.

Die Opfertheorien der Kirche sind mir bis auf den heutigen Tag uneinsichtig geblieben, und daher kann ich mit dem Abendmahl in seinem herkömmlichen Sinne nichts anfangen. Ich halte es für eine unnütze Handlung von vielen, die die Kirche weiter ungebrochen vornimmt und damit auch heute noch viele Menschen in gläubiger Abhängigkeit festhält.

Was damals für mich nur Ahnung war, ist mir im Laufe meines bisherigen Lebens immer mehr zur Gewißheit geworden, denn ich hatte genug Zeit, mich mit den Glaubensansprüchen meiner Kindheit auseinanderzusetzen. An diesen Ansprüchen hat sich bis heute kaum etwas geändert. Die Kirche tritt zwar nicht mehr so fordernd auf wie in früheren Zeiten, sie versucht aber die alten Forderungen im modernen Gewand und etwas mundgerechter an die Menschen heranzutragen. Sie hat sich den heutigen Bedürfnissen weitgehend angepaßt, sicher wohl auch aus der berechtigten Sorge heraus, mit kompromißlosen Forderungen in unserem aufgeklärten Zeitalter ihre eigene Existenz zu gefährden.

Meine Auseinandersetzung mit dem Gottesbild meiner Kindertage ist inzwischen so weit gediehen, daß ich heute hier sitze und einen neuen Entwurf wage. Mit dieser Arbeit hoffe ich noch weitere, mir vielleicht nicht einmal sichtbare Fesseln abzustreifen. Meine Erfahrungen mit Dir drängen mich zum Erlangen neuer Erkenntnisse, denn Du bist für mich auch eine Kraft des ständigen Wandels. In diesem Prozeß muß ich allerdings auf den sicheren Schoß einer Glaubensgemeinschaft verzichten. Ich werde damit zum Wanderer auf oftmals einsamen Wegen, wenn ich auch immer wieder Menschen finde, die in dieser Hinsicht ebenso heimatlos sind wie ich, und wir uns auf unseren Gedankenwegen als Gleichgesinnte grüßen können.

Jesus ging seinen Weg trotz vieler Mitläufer ganz allein. In meiner Phantasie sehe ich diesen faszinierenden Menschen vor mir, wie er auf seine Zeitgenossen zugeht und sie anspricht. Um mein Bild deutlicher werden zu lassen, versuche ich mich in diejenigen hineinzuversetzen, die ihm damals begegnet sind und für die diese Begegnung lebensverändernde Folgen hatte. Wenn etwa zweitausend Jahre später dieser Jesus mich noch so stark beeindruckt – und mit mir viele andere Menschen –, dann frage ich mich: Wie mag es den Menschen damals ergangen sein?

Es gab zu seiner Zeit viele Wanderprediger, aber seine Ausstrahlung muß ungleich stärker gewesen sein, sonst wäre das Neue Testament nicht entstanden. Seine Hinwendung zu allen Menschen, die am Rande der Gesellschaft lebten, ist einer von vielen Hinweisen auf seine umfassende Liebesfähigkeit. Und genau diese Liebesfähigkeit werden sie verspürt haben, sie muß das Geheimnis seiner starken Anziehungskraft gewesen sein, denn er war in der Lage, sie in all ihrer Zerrissenheit anzunehmen. Er sah ihnen sozusagen ins Herz, und genau dort fühlten sie sich getroffen. Das war keine intellektuelle Ebene, auf der er mit ihnen in Verbindung trat, der Blick seiner Augen muß ausgereicht haben, um die Menschen in ihrem Wesenskern zu berühren.

Diejenigen, die Jesus mit Ablehnung und Mißtrauen begegneten, fühlten sich durch sein Auftreten und Verhalten bedroht und in Frage gestellt. So wie er einerseits Menschen annahm, die von ihm Hilfe erwarteten und sich für sein Wort öffneten, so begegnete er andererseits kompromißlos jenen, die seine Botschaft ablehnten und ihr Pharisäertum rechtfertigten.

Seine Gegner brauchten wahrscheinlich starke

Mauern, um sich gegen seine Ausstrahlung zu schützen. Ich denke mir, daß sich in ihren Herzen durchaus Zweifel an ihrer eigenen Glaubenseinstellung geregt haben mag, wenn sie ihm – vielleicht nur aus der Entfernung – zuhörten und miterleben mußten, mit welch natürlicher Autorität er den Menschen begegnete. Es wird sie einige Mühe gekostet haben, ihre Betroffenheit zu überwinden.

Wenn ich mich in die Lage seiner Gegner hineinversetze, dann erscheint mir ihre Ablehnung durchaus verständlich. Seine Botschaft war voller Sprengkraft, und sie fühlten sich zu Recht existentiell bedroht. Als Hüter von Recht und Ordnung werden sie genügend Rechtfertigungen für ihre ablehnende Haltung gefunden haben, denn für sie stand eigentlich alles auf dem Spiel. Sie fühlten sich verantwortlich für die öffentliche und geistliche Ordnung, und nun kam einer daher, der mit scheinbar selbst verliehener Autorität diese Ordnung auf den Kopf stellte, indem er sie nach seiner Vorstellung erfüllte. Zudem sprach er den Menschen Sündenvergebung zu.

Jesus ist wohl auch nicht zuletzt deswegen auf eine göttliche Ebene gehoben worden, weil er den Menschen ihre Sünden vergab. Nach seinen Aussagen war ihm Sündenvergebung offensichtlich noch wichtiger als leibliche Gesundheit, obwohl er beides miteinander verband. Zur Sündenvergebung scheinst nur Du selbst autorisiert zu sein. Auch heute noch spricht jeder Priester Vergebung der Sünden nur in Deinem Namen zu. Von Jesus wissen wir, daß er in seinem Namen den Menschen ihre Sünden vergab, ohne sich dabei auf Dich zu berufen.

Mir kommt dazu der ketzerische Einfall, wie es wohl wäre, wenn wir nicht im stillen Kämmerlein Dich um Vergebung unserer Sünden anriefen, sondern uns immer jeweils auf den Weg zu den Menschen begeben müßten, an denen wir schuldig wurden, und nur sie um Vergebung bitten könnten. Das wäre sicher weitaus unbequemer, als es die bisherige Praxis mit sich bringt. Die Beichte bei einem Priester mit nachfolgender Absolution kostet in der Regel weniger Überwindung als das konkrete Austragen eines Konflikts mit unseren lieben oder auch weniger geliebten Mitmenschen.

Wenn ich mir Jesu Lebensweise vor Augen führe, dann fällt es mir eigentlich nicht schwer, mir vorzustellen, was er unter Sünde verstanden haben könnte. Ich glaube nicht, daß es dazu einer Detailaufzählung bedarf, weil ich davon ausgehe, daß Jesus jede Form von Lieblosigkeit als Sünde betrachtet hat.

Wenn wir in liebloser Weise miteinander umgehen, dann hat das vielerlei böse Folgen. Man könnte die Lieblosigkeit als die Wurzel allen Übels bezeichnen. Überall, wo sie im Spiele ist, fehlt es an der nötigen gegenseitigen Achtung, und wo es an dieser mangelt, da kommt es oft genug zur Zerstörung der menschlichen Würde und menschlichen Lebens.

Ich denke mir, daß Jesu Verständnis von Sünde ähnlich zentral war und daß er darum weniger unmoralische Vergehen im Auge hatte, die letztlich doch nur aus dem schon Gesagten resultieren. Versündigen in diesem Sinne bedeutet für mich Verstoß gegen ein in uns selbst angelegtes Ordnungsprinzip. Wenn wir anderen Menschen lieblos und verachtungsvoll begegnen, dann geschieht das im Grunde aus mangelnder Selbstliebe und -achtung. Die Anweisung »Liebe deinen Nächsten wie dich selbst« faßt kurz und bündig jede langatmige Überlegung zu diesem Thema zusammen. Das Dilemma dieses Gebotes lag und liegt darin, daß das Schwergewicht dieser Anweisung fast immer nur auf die Worte: »Liebe deinen Nächsten« gelegt wurde und wird. Wie viele Menschen haben daraufhin die Nächstenliebe über die Selbstliebe erhoben und größte Opfer in Erfüllung des so verstandenen Gebotes gebracht?

Menschen, die sich im Dienste an ihren Mitmenschen verzehrt haben, fanden von jeher größere Beachtung als andere, die es wagten, in erster Linie sich selbst Gutes zu tun. Letztere werden auch heute noch zumindest mißbilligend betrachtet. Nicht zuletzt durch Jesu Leidensgeschichte haben sich viele in dieser Haltung bestärkt gefühlt. In ihm sieht man gerne jemanden, der bewußt sein Kreuz auf sich nahm und auf alles verzichtete, was seinen Leidensweg hätte erleichtern können.

Ich frage mich: Hat auch Jesus nur nach den ersten drei Worten des Liebesgebotes gelebt? Kann es sein, daß er leidenssüchtig war und darum so wenig Rücksicht auf sein gefährdetes Leben nahm?

Es gibt für ihn Titel wie Schmerzensmann, Lamm Gottes, er wird besungen als »Haupt voll Blut und Wunden« usw. Seine Leidensgeschichte wurde derartig verherrlicht, daß viele Menschen später noch größere Leiden und Qualen auf sich nahmen, um seinem Vorbild nachzueifern. Wenn ich nur daran denke, daß nicht nur früher, sondern bis auf den heutigen Tag speziell in katholischen Klöstern Selbstkasteiungen in vielen Formen tägliche Übungen waren und sind, dann gibt es für mich keinen Zweifel daran, daß zumindest im Blickfeld der Kirche Jesu Leidensgeschichte – mündend in der Kreuzigung – den größeren Stellenwert einnimmt und das Ostergeschehen dahinter zurückbleibt.

Es wird nirgendwo von Jesus überliefert, daß er sich täglich kasteite; und überhaupt sind, wenn man es genau betrachtet, an ihm keinerlei masochistische Züge erkennbar. Wenn ich weiter daran denke, daß er seine heilenden Fähigkeiten überall einsetzte, wo er leidenden Menschen begegnete, dann ist diese Tatsache für mich ein weiterer Beweis dafür, daß Jesus kein Freund des Leidens war. Es heißt in den Evangelien: Er heilte sie, er segnete sie, er vergab ihnen ihre Sünden, er aß, trank und feierte mit ihnen; sogar gegen die Ordnung des Sabbats verstieß er, wenn es darum ging, Menschen von ihren Krankheiten zu befreien. Aus alledem kann ich nur die Schlußfolgerung ziehen, daß er schärfster Gegner von Leiden welcher Art auch immer war. Wenn hilfesuchende Menschen zu ihm kamen, dann sagte er nicht: »Du mußt dein Schicksal in Demut tragen, dadurch gewinnt dein Leben einen heiligen Wert«, sondern er befreite sie auf der Stelle von ihren geistigen und körperlichen Gebrechen. In seinem Handeln sehe ich auch nicht den geringsten Hinweis auf die Verherrlichung menschlichen Leidens. Von keinem anderen Boten wird uns von solch einer entschiedenen Kampfansage gegen das Leid berichtet.

Ich stelle fest, daß unsere beiden großen Kirchen hier in doppelzüngiger Weise von Jesus reden. Dieses tun sie sicher nicht nur aus lauter Bosheit, denn wer die Bibel liest, findet sehr viel Widersprüchliches in ihr; immer gibt es mehrere Möglichkeiten, und jede Glaubensgemeinschaft wird genügend Anhaltspunkte zur Untermauerung ihrer Lieblingstheorien dort finden.

Da das erste Evangelium erst etwa sechzig Jahre nach Jesu Tod geschrieben wurde, fehlt nicht viel Phantasie, um sich vorzustellen, was in der Zwischenzeit alles verlorengegangen oder dazugesponnen worden sein mag.

Wenn man weiter weiß, daß es damals durchaus legal war, Geschichten auszuschmücken, um das Wesentliche hervorzuheben, dann denke ich mir, daß ich mit Recht beim Lesen der Bibel oder beim Hören der Verkündigung Zweifel an der Endgültigkeit der Worte haben darf.

Wenn ich die Evangelien im Vergleich lese, dann sehe ich auch als Laie die übereinstimmenden und von allen Evangelisten herausgearbeiteten Wesenszüge Jesu. Ob er aber wirklich von sich behauptet hat, er sei der Messias, das wird mit letzter Sicherheit auch kein Theologe sagen können. Es gibt im Grunde überhaupt keine authentischen Aussprüche Jesu, dafür aber viele, die als solche gelten können. Im Neuen Testament wird er aber dennoch laufend zitiert, so daß im unkundigen Leser der Eindruck entsteht, es handele sich hier um überlieferte Aussprüche Jesu.

Für mich wurden die Kenntnisse dieses Sachverhaltes zu einem Stück Befreiung, während viele andere Menschen durch sie möglicherweise in Glaubenskrisen gestürzt wurden und werden. Vieles, was mir früher unvereinbar schien, erhielt nun einen ganz neuen Freiraum in meinem Denken. Ich habe über all dem Hintergrundwissen meinen Glauben an Dich nicht verloren, im Gegenteil, mir blieb jetzt nicht nur einfach die fraglose Hinnahme von ungereimten Bibelworten, nun hatte ich die Möglichkeit, eigene Wege zu gehen.

Nachdem mir klar wurde, daß Dein Bild keineswegs ein Standbild ist – auch wenn die Kirchen nach wie vor diesen Eindruck verbreiten –, war meinem Denken keine Grenze mehr gesetzt. Mir wurde damit deutlich, daß Du keinesfalls der uns altbekannte Gott bist. In Dir mag noch viel Unbekanntes verborgen liegen, das dem Bekannten neue Züge verleihen könnte.

Ich gehe bei meinem Unternehmen nicht davon aus, daß es nun ausgerechnet mir gelingen wird, Dich endgültig zu erfassen, nachdem es schon so viele vor mir versucht haben. Ich kann mich nur einreihen in den Kreis derjenigen, die Deinem Geheimnis auf die Spur kommen möchten. Das, was ich bestenfalls erreichen werde, ist ein noch wacheres Bewußtsein für Deine Unendlichkeit.

Ein Mensch, der Dich beim Wort nahm

In den letzten Tagen ging mir vieles durch den Sinn; unter anderem nahm ich mir wieder das Buch »Bruder Jesus« von Ben-Chorin vor. Ich las es vor ein paar Jahren, und schon damals stellte ich fest, wie sehr die Auslegungen dieses Mannes meinen eigenen Überlegungen nahe kommen. Aber was immer ich auch lese oder wodurch ich mich auch anregen lasse, mir ist klar, daß kein Mensch, und sei er theologisch noch so versiert, endgültige Aussagen über Deine Wirklichkeit machen kann. Jeder Mensch, der sich auf Dich einlassen will, sucht letztlich seinen persönlichen Weg zu Dir.

Ben-Chorin hat sehr viel anschaulicher, als ich das jemals könnte, Jesus in seiner damaligen Umgebung geschildert. Seine Sympathie für seinen »Bruder Jesus« leuchtet aus jeder Zeile hervor. Ich kann natürlich nicht beurteilen, inwieweit seine Gedankengänge alle zutreffend sind, sicher wird er unter den Fachleuten auch seine Kritiker finden. Trotzdem glaube ich, daß es einem Juden mit einer so deutlich engagierten Grundhaltung besser als einem Nichtjuden gelingen kann, ein klares Bild von Jesus aus der jüdischen Tradition heraus zu zeichnen. Daß seine Sichtweise auf großen Widerstand bei den christlichen Theologen trifft, scheint mir nicht weiter erstaunlich, sie würden seinen Standpunkt wahrscheinlich als Ketzerei bezeichnen.

Auch wenn ich nicht einfach alles übernehmen kann, was er sagt, bereiten mir seine Vorstellungen doch keine großen Schwierigkeiten. Der Gedanke, Jesus als Mensch, so wie ich selbst einer bin, zu betrachten, fällt mir nicht schwer. Den Unterschied zwischen seinem und meinem Menschsein sehe ich darin, daß er im Gegensatz zu mir in der Lage war, die in uns angelegten Möglichkeiten in unvergleichlich größerem Maße auszuschöpfen.

An diesen Punkt möchte ich meine weiteren Überlegungen anknüpfen und wieder zu Jesus zurückkehren.

Über dem Nachdenken zum Sündenverständnis bin ich sehr bald zu der uns alle berührenden Frage nach dem Leid gekommen. So wie ich Jesus verstehe, hat er niemanden dazu aufgefordert, sein Leid fraglos auf sich zu nehmen. Der Ausspruch: »Wer mir nachfolgen will, der nehme sein Kreuz auf sich« ist nach meiner Meinung keineswegs so vordergründig zu verstehen, wie er im ersten Moment klingt. Daß er selber sein Kreuz auf sich nahm, als er sah, daß es kein Zurück mehr auf seinem Weg gab, ist für mich kein Beweis dafür, daß wir alle zu ähnlichen Opfergängen bereit sein, sie womöglich noch suchen sollen.

Tagtäglich werden Menschen auf verschiedenste Art und Weise gekreuzigt oder kreuzigen sich selbst, auch wenn dazu keine Balken, Hämmer und Nägel verwendet werden. Nach meinem Verständnis handeln sie dabei nicht im Sinne Jesu. Er sah, wie sie sich in den Folgen ihrer Lieblosigkeit verstrickten. In ihren Krankheiten, die er heilte, kamen sie am deutlichsten zutage. Wir wissen heute besser als früher, daß die meisten unserer Krankheiten ihre Wurzel in einem gestörten Seelenleben haben. Jesus muß sich über diesen Zusammenhang im klaren gewesen sein, er wird immer den ganzen Menschen im Auge gehabt haben und nicht nur einzelne geplagte Organe des Körpers. Es wird von ihm gesagt, er heilte durch den Glauben, und er selbst soll gesagt haben: »Wäre euer Glauben von der Größe eines Senfkornes, so könntet ihr Berge versetzen.«

Wir sehen zwar an seinem Beispiel, inwieweit der Glaube Wunder vollbringen kann, aber diese Wunder werden seiner Göttlichkeit zugeschrieben und damit nicht zur Nachahmung empfohlen. Eine solche Sicht schließt einen rechten Glauben im Sinne der Forderungen Jesu aus. Dabei wird nicht so recht bedacht, daß Jesus seine Jünger ebenfalls zu Heilungen aufforderte und sie dieser Aufforderung, wie uns berichtet wird, auch mit Erfolg nachkamen.

Wie können wir das verstehen? Liegt in Jesu Verhalten auch für uns eine Aufforderung?

Sicher ist, daß Jesus über einen starken Glauben verfügte. Aber wie kam er zu solch einer Glaubensstärke?

Er muß erkannt und Dich so erfahren haben, daß es Dein grundsätzlicher Wunsch ist, »daß allen Menschen geholfen werde und sie zur Erkenntnis der Wahrheit kommen«, wenn ich mich biblisch ausdrükken darf. Im Gegensatz zu uns muß für Jesus diese Verheißung Gewißheit gewesen sein, das heißt, er nahm Dich beim Wort.

Sein stark ausgeprägtes Selbstbewußtsein brachte ihn dazu, Deine Zusage in der Praxis zu erproben. Vielleicht hat er Dir gegenüber im Gespräch oder Gebet den Standpunkt vertreten: Wenn Du das Heil der Menschen wirklich willst, dann verhilf ihnen auch zur Wahrnehmung ihrer noch schlummernden Kräfte. Ich will sie darauf hinweisen, will der Überbringer dieser frohen Botschaft sein. Und wenn Du mir glaubhaft bleiben willst, dann wirst Du mich bei dieser Zusage auch nicht im Stich lassen, denn Du hättest mehr dabei zu verlieren als ich, ich wäre nur der Lächerlichkeit preisgegeben. So etwa könnte ein Gespräch zwischen ihm und Dir ausgesehen haben, zumindest in meiner Phantasie. Die Bibel berichtet uns von mehreren Menschen, die Dir gegenüber fordernd aufgetreten sind, wenn ich nur an Jakob denke, der sich sogar, will man der Geschichte glauben schenken, zu Handgreiflichkeiten hinreißen ließ.

Rache oder Reich Gottes?

Wenn wir an Jesus denken, dann haben wir einen Menschen vor Augen, der Dir gegenüber in einer absoluten Gehorsamshaltung stand. So hat man es uns gelehrt, und anscheinend läßt sich diese Haltung mit vielen Bibelstellen belegen.

Ich glaube auch, daß Jesus Deine unendliche Größe erfaßt hat und diese Erkenntnis in sein Leben einbezog. Ich denke aber, es ist ganz falsch, ihn als gehorsamen Knecht – so wie er noch oftmals in kirchlichen Kreisen bezeichnet wird – anzusehen.

In der Begegnung mit Dir mag er erfahren haben, wie sehr Du den Menschen die Verwirklichung ihres göttlichen Anteils gönnst, daß Du Dir Wesen nach Deinem Bilde geschaffen hast, denen Du Dich partnerschaftlich zuwenden möchtest. Er wird für sich erkannt haben, wie heilsam es für den Menschen ist, wenn er sich Deiner Liebe und Nähe bewußt wird. Es mag ihm offenbar geworden sein, daß Du von uns eine andere als die bisherige Antwort auf Dein Werben erhoffst.

Das Neue Testament spricht von Offenbarung, das heißt, Jesus hat von Dir eine neue Sicht gewonnen, Du hast ihm etwas offengelegt, weil Du ihn für den geeigneten Überbringer dieser Erkenntnis gehalten hast. Es wird gesagt, er wollte mit seiner Botschaft nicht das bestehende Gesetz brechen, sondern es mit neuem Leben erfüllen. Ich meine, das tat er, indem er in kompromißloser Weise mit Deinem Liebesgebot Ernst machte, denn dieses muß das Hauptanliegen Deiner Offenbarung gewesen sein.

Er nahm in sich die nötigen Kräfte zur Erfüllung Deines Heilsplanes wahr, begriff, mit welch reichen Gaben Du die Menschheit beschenkt hast. Nur so kann ich mir sein entschiedenes Auftreten gegenüber den vielen Krankheiten und Leiden seiner Mitmenschen erklären. Aus seinem Sendungsbewußtsein heraus mobilisierte er all seine im Verborgenen ruhenden Kräfte, nahm Deine Verheißung beim Wort und machte die Erfahrung, daß Du zu ihr stehst. Unter dem Eindruck der sich erfüllenden Zusagen war es ihm wohl mehr und mehr möglich, Barrieren wie zum Beispiel Klassenschranken zu überwinden. Er sah, daß die am Rande der Gesellschaft Lebenden sich viel leichter seiner Botschaft öffnen konnten. Allerdings hatten sie auch nicht so viel zu verlieren wie die Bessergestellten, die zudem von ihrem Intellekt her der Botschaft wahrscheinlich kritischer begegneten.

In vielen Bereichen verkündigte er geradezu eine Umkehrung der bestehenden Ordnung, und diese Tatsache konnte nicht bei jedermann auf Gegenliebe stoßen. Sein Mut, dies alles zu tun, muß ihm einerseits aus dem Bewußtsein Deiner hilfreichen Nähe und andererseits vielleicht aus einer Endzeiterwartung heraus erwachsen sein, letzteres erscheint mir aber eher fraglich.

Ich denke mir, wer so von seinem Auftrag beseelt ist, der vermag im wahrsten Sinne des Wortes Wunder zu vollbringen, denn daß der Glaube erstaunliche Kräfte verleihen kann, dafür gibt es selbst in unserem Alltag eine Vielzahl von Beispielen. Dabei hat unser Glaube noch nicht einmal entfernt die Größe eines Senfkornes, er gleicht eher einem Staubpünktchen und reicht doch schon für die kleinen Wunder des Alltags aus.

Jesus hat in der kurzen Zeit seines Wirkens so viele richtungweisende Spuren hinterlassen, daß fast zweitausend Jahre später die Menschheit immer noch des Rätsels Lösung sucht. Die ganze Tiefe seiner uns hinterlassenen Botschaft werden wir wahrscheinlich in diesem Leben gar nicht ausloten können, aber ich sehe doch gute Möglichkeiten, auf dem uns vorgezeichneten Weg ein Stück voranzukommen. Sein Ruf zur Nachfolge ist nach meiner Ansicht ganz ernst zu nehmen. Seine Worte: »Das Reich Gottes ist schon jetzt angebrochen, so ihr die Botschaft hört« haben für mich einen doppeldeutigen Charakter, und vielleicht hat Jesus das ähnlich empfunden. Aus seinen Erfahrungen heraus könnte er auch gesagt haben: »Das Reich Gottes ist in euch.« Nach meiner Meinung wollte er die Menschen mit dieser Zusage auf ihre brachliegenden Kräfte und Möglichkeiten aufmerksam machen. Zum anderen mag er geglaubt haben, wenn eine große Anzahl von Menschen sich wie er auf diese Möglichkeiten einlassen würde, müßte Dein Reich allen offenbar werden. Vielleicht sah er damit das Ende dieser Zeit herankommen.

Wie auch immer, all seine Erkenntnisse brachten ihn dazu, ganz im Hier und Jetzt zu leben, darin wird er uns zum Vorbild, und ich halte es für möglich, daß eine derartige Haltung ausschlaggebender war als eine Endzeiterwartung.

Er sprach den Menschen Vergebung ihrer Sünden zu, begegnete kraftvoll all ihren Gebrechen, wies sie darauf hin, daß sie Dir ihr Leid klagen können, um so zur Besinnung auf sich selbst zu kommen. Im Hintreten vor Dich können Leid und Elend ein Ende finden, weil in dem damit verbundenen Bewußtseinsprozeß die Ursachen und auch die Möglichkeiten zur Abwendung erfahrbar werden können.

Du bist Mitleidender und Hinweisender zugleich, nicht aber Richter und Rächer. Wir sind durch die Folgen unseres sündigen Handelns in vielerlei Weise bestraft genug. Es gibt unendlich viel Leid auf dieser Welt, das aus unserem lieblosen und menschenverachtenden Verhalten erwächst. Die Erde ist ein Jammertal, so steht es in der Bibel, und kein Wort könnte unseren Zustand treffender zusammenfassen.

Im Jammertal könnte ich mich jetzt seitenweise verlieren, aber im Moment will ich weiter bei Jesus bleiben, ihn als Richtschnur auf dem Weg zu Dir verwenden, weil ich meine, daß er für uns sichtbare Hinweisschilder hinterlassen hat, auch wenn er selbst vielleicht gar nicht davon ausgegangen ist, daß die Menschen sich noch fast zweitausend Jahre später mit all diesen Fragen plagen müssen.

Er scheint auf die Frage nach der Sünde und dem daraus resultierenden Elend eine Antwort gefunden zu haben, und diese Antwort setzte er in die Tat um. Wir lesen, daß er einerseits den Menschen Vergebung der Sünden zusprach, andererseits finden wir Sätze, die von ewiger Verdammnis, Heulen und Zähneklappern sprechen, von Mühlsteinen am Halse usw. Wie lassen sich diese Widersprüche auflösen?

Die Folgen dieser drohenden Bilder, die Dich als letzten Rächer für unsere Untaten zeichnen, haben sich tief ins menschliche Bewußtsein eingegraben. Daraus entstand das Bild von der Hölle und dem ewigen Fegefeuer. Von diesen Ängsten konnte die Kirche über viele Jahrhunderte hinweg ganz ausgezeichnet profitieren, und bis heute lebt sie von ihnen noch recht erträglich, auch wenn die Angst nicht ihr einziges Geschäft ist. Sie hat sich weitgehend dem modernen Weltbild angepaßt, doch im Grunde ist sie immer noch den alten Bildern verhaftet geblieben. Ihre vermittelnde Machtposition zwischen den Menschen und Dir will sie immer noch nicht aufgeben, was sehr verständlich ist, hängt doch davon mehr oder weniger ihre Daseinsberechtigung ab.

Wenn ich mir die Spätfolgen der ursprünglich frohen Botschaft ansehe, dann frage ich mich immer wieder, was Jesus dazu sagen würde, könnte er heute rückblickend die kirchliche Entwicklungsgeschichte beurteilen. Ich glaube, er würde starr vor Entsetzen, müßte er sehen, was in seinem und Deinem Namen mit dieser Botschaft geschehen ist. Sollte Jesus wirklich in der eben genannten angstmachenden Weise von Dir gesprochen haben – und das erscheint mir sehr zweifelhaft –, dann könnte es auch ein taktischer Zug gewesen sein, eine dramatische Verstärkung sozusagen, um die Menschen noch stärker zur Umkehr zu bewegen. Eine derartige Aussage widerspricht allerdings den Gleichnissen und dem ganzen Inhalt seiner Botschaft, sie paßt nicht so recht zu seinem Gesamtbild. Wir haben es gewiß nicht leicht mit dem sogenannten Wort Gottes, denn viele Bibelworte sind kaum wörtlich zu nehmen und drängen uns daher zu immer erneuten Anstrengungen der Auslegung.

Wenn ich den mir so vertraut gewordenen Jesus ansehe, dann höre ich nicht in erster Linie von Dir als dem Rächer unserer Sünden, sondern von deren Vergebung, daß Du kein Opfer forderst, sondern unser Heil willst und immer gewollt hast.

So ungefähr könnte ich mir ein Gespräch vorstellen, das Jesus mit den Menschen führte, die ihn ansprachen und sich von der Begegnung Hilfe erwarteten:

Wenn du heute schon begreifen kannst, daß nichts dich von Gott trennt, daß du eins bist mit ihm, dann lebst du schon jetzt in seinem Reich und kannst dazu beitragen, daß es auch für andere Menschen erfahrbar wird. Und wenn ich sage, daß deine Sünden dir vergeben sind, dann sei auch bereit, sie dir selbst zu vergeben, nur dann wirst du aus dem heillosen Kreislauf ausbrechen können.

Warum wir uns selbst nicht vergeben

Wir alle leben mehr oder weniger davon, daß uns unser schuldhaftes Verhalten vergeben wird. Dabei ist es für gläubige Menschen ganz selbstverständlich, sich mit diesem Anliegen an Dich zu wenden, denn Dich kennen sie als höchste Instanz, die für die Vergebung der Sünden zuständig ist. Bei den Betroffenen suchen wir, soweit es möglich ist, Verzeihung zu erwirken. Es bleibt aber noch eine weitere Hürde, und die sind wir selbst.

Wohl jeder Mensch hat schon einmal die Erfahrung gemacht, wie schwer es ihm fällt, sich selbst ein Verschulden zu vergeben.

Woran liegt es, daß auch dann, wenn andere Menschen uns vergeben, wir selbst uns damit schwertun? Gelingt es uns so schlecht, unsere offenbar gewordenen Fehler zu akzeptieren? Oder trauen wir denen nicht genug, die uns Vergebung zusprechen?

Die alte Volksweisheit: »Der Mensch schließt immer von sich selbst auf andere« könnte sich hier bewahrheiten, denn wenn wir unser Verhalten für unverzeihlich ansehen, wie wollen wir dann denen glauben, die zur Vergebung bereit sind?

Auch sprachlich unterscheiden wir Vergebung und Verzeihung; um letzteres bitten wir unsere Mitmenschen, während wir der Vergebung einen höheren Stellenwert beimessen und uns darum an Dich wenden.

Ich glaube, unendlich viel Leid erwächst aus der Tatsache, daß viele Menschen sich selbst ihre Schuld nicht vergeben können. Erfahren sich bewußte Christen in dieser Gespaltenheit, dann müßte ihnen der Widerspruch eigentlich offenbar werden. Wenn sie wirklich glauben, daß Du ihnen ihre Sünden vergibst, dann müßten sie sich selbst auch annehmen können.

Doch mir scheint, diese Vorstellung ist nur Theorie, die Praxis sieht sehr viel trauriger und verwirrender aus.

Die Wurzel des Übels liegt wahrscheinlich in der menschlichen Unfähigkeit, Vergebung – von welcher Instanz auch immer – anzunehmen. Der Mensch glaubt nicht wirklich an einen gnädigen Gott – und wie sollte er auch! –, sonst müßte sich dieser Widerspruch auflösen lassen. Bei dem kirchlicherseits vermittelten widersprüchlichen Gottesbild ist mir das auch nicht weiter verwunderlich. Alle, die von ihren Mitmenschen von klein auf nicht die nötige Annahme auch im Versagen erfahren haben, die zudem nicht nur von einem gnädigen, sondern in erster Linie von einem richtenden Gott gehört haben, werden zeitlebens Schwierigkeiten haben, sich selbst anzunehmen.

Unser christliches Abendland ist viel mehr von seiner Gottesvorstellung geprägt, als es vielleicht wahrhaben möchte. Die Auswirkungen der christlichen Erziehung in ihrer ganzen Gespaltenheit müßten in alle psychologischen Überlegungen mit einbezogen werden, und eine Reihe von Psychotherapeuten hat ja auch mit Nachdruck auf diesen Zusammenhang hingewiesen.

Aus dem Elternbild erwächst unbewußt auch unser Bild von Dir, die Eltern sind erste Träger dieses Bildes und gleichzeitig auch Überlieferer des christlichen Gedankengutes. Später begegnen wir den kirchlichen Würdenträgern, und sie alle zusammen formen an unserem Bild von Dir. Die Ergebnisse dieses Zusammenspiels verwundern mich nicht sehr, sie stimmen mich nur traurig. Nach allem, was ich von Jesus weiß, gehe ich davon aus, daß er dem Zusammenhang von Schuld und Vergebung große Bedeutung beigemessen hat. Das wirklich Frohmachende seiner Botschaft sehe ich in der Aussage, daß unsere Schuld vor Dir nicht zählt, weil Du uns so liebst und annimmst, wie wir sind. Das heißt für mich: Du stehst zu Deiner Schöpfung selbst dann, wenn Deine Liebe ohne Echo bleibt. Du hältst das Risiko, das Du mit unserer Existenz eingegangen bist, aus. Jesus hast Du als Übermittler Deiner Liebesbotschaft ausgewählt, und insofern kann man ihn als einen erwählten Menschen ansehen.

Ich glaube, daß Du seine besondere Offenheit für Deine Ziele eingesetzt hast. Seine Erfahrungen mit Dir blieben nicht an der Oberfläche, sie gingen in die ganze Tiefe Deines Seins. Dieser Mensch gewann Einblicke in Dein Wesen, von denen die ganze Menschheit hören sollte. Du warst die befreiende Kraft in seinem Leben, und auch wir sollten durch ihn auf alle in uns ruhenden Potentiale aufmerksam gemacht werden. Er hat uns darauf hingewiesen, daß uns keine Schuld von Dir trennt, daß Deine Liebe allumfassend ist und darum auch unser Versagen mit einschließt. Wenn wir diese Erkenntnis in ihrer ganzen Tragweite begreifen könnten, dann würde so mancher Kranke auch heute noch auf wunderbare Weise genesen.

Die Tatsache, daß wir aufgrund unserer gestörten, nicht zur Entfaltung gelangten Menschlichkeit in schuldhafter, liebloser Weise miteinander umgehen, trennt uns in erster Linie von uns selbst und weniger von Dir. Ich glaube vielmehr, Du rechnest uns unsere Sünden nicht an, sondern leidest an unserem Unvermögen, unser Menschsein voll zu entfalten und Deine grundsätzliche Annahmebereitschaft wahrzunehmen. Wenn Du als Schöpfer, der zu seinen Geschöpfen auch in ihrer Unvollkommenheit steht, erleben mußt, daß diese Geschöpfe mehr mit sich und untereinander ins Gericht gehen, als Du es jemals mit ihnen tun würdest, dann kannst Du nur von Trauer erfüllt sein. Ich glaube, daß Du uns aus dieser Trauer heraus Jesus als Boten gesandt hast. Aus seinem Leben und Handeln können wir, wenn wir wollen, entnehmen, wie Du uns erdacht hast. In ihm wird uns Menschsein nach Deinem Bilde vor Augen geführt.

Nach seinem Vorbild wäre es im Grunde unmöglich, daß wir selbst nun doch weiter darauf bestehen, unser Versagen sei unverzeihlich. Die Sünde liegt sozusagen hinter uns, sie ist nichts mehr, was uns über Gebühr beschäftigen sollte, denn in Deinen Augen zählt sie nicht mehr, ist alles auf Umkehr und neuen Anfang ausgerichtet, und darum könnten auch wir sie nun endgültig loslassen.

Das bedeutet in der Praxis selbstverständlich nicht, daß wir fortan ohne Fehl und Tadel leben würden. So schnell, wenn überhaupt, wird es uns nicht möglich sein, die selbst gebauten Gefängnismauern einzureißen, unsere eingeschränkte Wahrnehmung für unser eigenes Leid und damit auch für das der anderen zu erweitern. Wir müßten erst einmal lernen, unsere eigenen Verletzungen wahrzunehmen, bevor wir in die Lage kämen, umsichtiger mit anderen Menschen umzugehen. Unser eigener Schmerz sollte aus der Verdrängung hervortreten dürfen, für uns sichtbar und erfühlbar werden, bevor wir imstande wären, unseren Mitmenschen, wenn möglich, kein Leid mehr zuzufügen. Nur indem wir sensibler uns selbst gegenüber werden und unser Bewußtsein für unsere Grenzen schärfen, können wir auf andere zugehen und ihre Grenzen einfühlsamer wahrnehmen und achten. In dem Maße, in dem es uns gelingt, uns anzunehmen und zu lieben, wie wir sind, wird es uns möglich sein, andere anzunehmen und zu lieben. Im Glauben an Deine Annahme auch all unserer verzerrten Wesenszüge und dem aus ihnen resultierenden Versagen könnte für uns die Möglichkeit liegen, nach Wachstum und Weiterentwicklung zu streben.

Ich denke mir, daß Jesus uns seine Erfahrungen weitergeben sollte, weil Du ihn Dir zum Sprachrohr und Handlanger erwählt hast. Er hat uns mehr Einblick in unsere Möglichkeiten gegeben als jemals ein Mensch zuvor. An seinem Leben wird sichtbar, in welcher Weise wir mit uns selbst und mit anderen Menschen umgehen können. Seine Geschichte läßt uns allerdings nicht im Zweifel über mögliche Schwierigkeiten, die sich aus einer Orientierung an seinem Lebensmodell ergeben können.

Die Radikalität, mit der er für seine Überzeugungen — und damit für sich in seiner ganzen Person — eintrat, mit der er sich treu blieb, erschreckt uns nicht wenig, und zu verlockend ist der Gedanke, ihn lieber auf einer göttlichen Ebene zu belassen, weil damit sein Vorbild in seiner ganzen Schärfe für uns nicht mehr nachvollziehbar wäre. Und genau dieser Schritt wurde von der Kirche vollzogen; mit der Schaffung der Dreieinigkeit hat man den Sprengstoff des Evangeliums entschärft.

Wenn Jesus den Satz: »Der Vater und ich sind eins« tatsächlich ausgesprochen hat, dann könnten wir ihn auch dahingehend verstehen, daß er in sich seinen göttlichen Anteil wahrgenommen hat und in diesem Satz seiner Erkenntnis Ausdruck verleihen und sie auf alle Menschen übertragen wissen wollte.

Wäre es richtig, wenn ich sage, daß das Geschöpf ein Teil des Schöpfers ist, und im Blick auf die ganze Schöpfung, daß Deine Gesamtheit sich in Deiner Schöpfung zergliedert hat? Der Satz: »Machet euch die Erde untertan« würde für mich mehr Sinn ergeben. Nach dieser Vorstellung hättest Du Deine Macht zugunsten unserer Freiheit uns übertragen.

Diese Frage führt mich zu einem äußerst Komplizierten Punkt. So manche Antwort erdachte ich im Laufe der Jahre, doch fällt es mir noch immer schwer, die vielen Gedanken zu bündeln, ihnen eine Form zu geben, die der Wahrheit nahe kommt.

Jesus und die Frauen

Dabei kommt mir Jesu Verhältnis zu den Frauen in den Sinn. Diesem Gedanken möchte ich heute ein Stück nachgehen, und da fällt mir zuerst die Beziehung zu seiner Mutter auf.

Es steht im Neuen Testament der etwas peinlich anmutende Satz: »Weib, was habe ich mit dir zu schaffen?« Er paßt nicht so recht zu dem wunderschönen Bild, das besonders die katholische Kirche von der Jungfrau Maria und ihrem Jesuskind geprägt hat. Auch an anderen Stellen wendet sich Jesus ganz eindeutig gegen seine Mutter, er scheint ihr nicht die Bedeutung beigemessen zu haben, die die katholische Kirche ihr verliehen hat.

Unter dem Kreuz erfahren wir dann doch noch etwas von seiner Fürsorge für sie, als er seinen Lieblingsjünger beauftragt, sie zu trösten und sich ihrer anzunehmen. Diese wenigen Zeugnisse seiner Mutterbeziehung legen den vordergründigen Schluß nahe, daß das Verhältnis zu seiner Mutter nicht störungsfrei gewesen sein mag.

In einem Abhängigkeitsverhältnis zu ihr hat er wohl kaum gestanden, denn darauf deutet gar nichts hin. Da er sich anderen Frauen gegenüber sehr viel aufgeschlossener verhielt, bleibt der Verdacht, daß Maria erhebliche Probleme mit diesem aus der Rolle fallenden Kind gehabt hat. Ich kann mir sehr gut vorstellen, wieviel Kopfzerbrechen ihr dieser Sohn von Kindheit an bereitet haben mag. Wir erfahren zwar kaum etwas über seine Kindheit, aber wenn ich das Beispiel vom zwölfjährigen Jesus im Tempel aufnehme, dann kann ich mir denken, daß dieser eigenwillige Junge seine Eltern oftmals nicht nur in Angst, sondern auch in Zorn versetzt hat. Auch wenn es uns womöglich ganz unglaublich erscheint, könnte es doch sein, daß er von ihnen auch Schläge hinnehmen mußte, da sein Eigensinn bestimmt nicht erst mit dreißig Jahren hervorgetreten ist. Dieser Gedanke mag vielen Menschen geradezu frevelhaft erscheinen, sehen sie doch immer eine verklärte Maria, die liebevoll das Kind mit dem Heiligenschein betrachtet. Ich fürchte, von diesem Heiligenschein war in seinem ganzen Leben nichts zu sehen, er ist ihm erst im nachhinein verliehen worden. Seine bemerkenswerten Begabungen sind ganz sicher aufgefallen, und die Eltern werden wohl auch ihre Freude daran gehabt haben. Da ich aber davon ausgehe, daß auch seine Wahrheitsliebe und sein Gerechtigkeitssinn sich frühzeitig zeigten, besteht Grund zu der Annahme, daß diese beiden Eigenschaften beträchtlichen Ärger mit sich brachten. Wer liebt schon immer derart frühreife Kinder, die mit untrüglicher Genauigkeit die Verlogenheit der Erwachsenen erfassen und ihre Erkenntnisse womöglich auch noch aussprechen? Ich nehme an, der kleine oder auch heranwachsende Jesus schärfte frühzeitig seine Sinne für das Wahrhaftige und war in der Lage, seine Einsichten wortgewandt weiterzugeben. Da mag es manche Peinlichkeit gegeben haben, und Maria wird ihren Sprößling nicht ausnahmslos voll Freude betrachtet haben. Ich stelle mir Jesus als ein unangepaßtes, scharfsinniges und damit auch ungehorsames Kind vor, das nach Eigenständigkeit strebte und dieses Ziel auch frühzeitig erreichte.

Es wäre aber auch denkbar, daß das Verhältnis zu seiner Mutter nicht eigentlich problematisch war, denn möglicherweise ist ihm das, was wir heute als Abnabelung bezeichnen, ganz ausgezeichnet gelungen, eben weil sein eigenwilliges Verhalten die Loslösung auf beiden Seiten erleichterte.

Nach den Berichten der Evangelien war Maria auch später in seiner Nähe, doch auf Jesus hat dieser Umstand wohl keinen starken Einfluß gehabt, denn es wird uns berichtet, daß er ihr unmißverständlich gesagt hat, wie wenig ihm alte Bindungen noch bedeuteten. Er bezeichnete alle Menschen, die bereit waren, mit ihm in einem neuen Geiste zu leben, als seine Schwestern und Brüder und wandte sich damit ab von der einengenden Kleinfamilie mit ihren fordernden Ansprüchen. Diese Hinwendung zur großen Menschheitsfamilie sprengte endgültig den von der Gesellschaft gesetzten Rahmen und eröffnete ihm einen neuen Freiraum für die Aufnahme mitmenschlicher Beziehungen.

Nach allem was ich den Evangelien entnehme, hat Jesus zwar seiner Mutter gegenüber ein ziemlich reserviertes Verhalten gezeigt, dies läßt sich aber mit Sicherheit nicht auf sein übriges Verhältnis zu den Frauen übertragen. Es hat nicht nur Jünger, sondern auch Jüngerinnen gegeben. Diese Tatsache war für damalige Verhältnisse ungewöhnlich, da Frauen im öffentlichen jüdischen Leben normalerweise überhaupt keine Rolle spielten. Sie wurden von den Männern einfach übersehen, so wie es auch heute noch in weiten Teilen des Orients der Fall ist.

Die Art und Weise, in der Jesus den Frauen begegnete, ist für seine Zeit geradezu revolutionär. Er näherte sich ihnen unbefangen und partnerschaftlich, das heißt, er nahm sie ernst, und das ist in der Tat für einen jüdischen Mann seiner Zeit mehr als ungewöhnlich. Er ließ sich von ihnen helfen und nahm sie vor Angriffen in Schutz. Auch liebevolle und zärtliche Annäherungen wehrte er nicht ab, sondern ließ sie zustimmend geschehen. Heute würden wir sagen, daß er seine eigenen weiblichen Anteile angenommen und integriert hat. Seine Sensibilität und sein Einfühlungsvermögen zeigen sich gerade in der Begegnung mit Frauen besonders deutlich, auch hier übermittelt er uns ein ganzheitliches Menschenbild.

Sein Verhalten steht dabei im krassen Gegensatz zu dem seiner männlichen Zeitgenossen, und nicht nur der damaligen, auch heute noch können die Männer allgemein von seinem achtungsvollen Verhalten den Frauen gegenüber lernen. Vor fast zweitausend Jahren lebte er in einer völlig frauenfeindlichen Umwelt in geradezu vorbildlicher Weise den partnerschaftlichen Umgang mit dem anderen Geschlecht vor, und bis heute ist es uns noch nicht gelungen, die Feindseligkeit zwischen den Geschlechtern aufzuheben.

Die Kirche hat im Verlauf der Geschichte und bis

in die heutige Zeit hinein Jesu beispielhafte Haltung nicht aufgenommen. Nach meiner Meinung hat sie die alles umfassende Botschaft dieses Menschen in ihr selbstgefertigtes Schema hineingepreßt und ihren zentralen Gehalt gar nicht erfaßt. Die Frauenfeindlichkeit ist im kirchlichen Raum bis heute nicht überwunden, und damit bleibt das Gerede der Kirchenvertreter hohl, wenn sie von Jesus sprechen und im Grunde doch nichts von ihm gelernt haben.

In der katholischen Kirche gibt es auch heute noch keine Priesterinnen, und das ist nur ein Beispiel, es ließen sich für die Mißachtung der Frauen im kirchlichen Raum noch genügend weitere anfügen. Jesus war von Frauen umgeben und ließ sie ohne Überheblichkeit zu Wort kommen. Da er selbst spontan und einfühlsam reagierte, war ihm weibliches Erleben vertraut, so auch intuitives Verhalten, er lebte es in noch stärkerem Ausmaß, als es den Frauen nachgesagt wird. Noch so manches Beispiel ließe sich finden, das zeigte, in welch wohltuender Weise es Jesus gelungen ist, seine männlichen und weiblichen Anteile zu einer Einheit zu verschmelzen.

Ich stelle mir vor, daß die Jesus umgebende Menschenschar recht bunt ausgesehen hat. Darunter waren auch viele Frauen, die in Jesus vielleicht nicht nur den Heilsboten, sondern einen ganz ungewöhnlichen Mann sahen, der sie in vielerlei Hinsicht anzog. Es ist durchaus möglich, daß sich Frauen von ihm auch erotisch angesprochen gefühlt haben, denn in ihm begegnete ihnen ein Mann, der sie nicht einfach übersah.

Es heißt immer wieder in den Texten: »Er sah sie oder ihn an.« Der Blick seiner Augen mag vielerlei Gefühle in den Betreffenden wachgerufen haben.

Wir wissen nicht, wie Jesus aussah, aber ich denke mir, daß sich seine geistige Klarheit auch in seinem

Gesicht und dort besonders in seinen Augen widerspiegelte. Sein Blick mag durchdringend, aber auch annehmend und zärtlich gewesen sein.

Die kurzen Worte: »Er sah sie an« können ganz sicher nicht wiedergeben, was sich in dem Moment zwischen Jesus und seinem Gegenüber abspielte.

Wenn wir auf Menschen treffen, dann ist für uns häufig der Blick ihrer Augen bei unserer Beurteilung ihres Wesens ausschlaggebend. Die Menschen haben wohl schon immer, wenn vielleicht auch unbewußt, bemerkt, daß der Körper seine eigene Sprache spricht. Unsere Augen tun dies in besonderer Weise, obwohl sie nicht unbedingt am sichersten verraten, was in einem Menschen vorgeht, doch von ihrem Ausdruck lassen wir uns am schnellsten anziehen oder abstoßen. So haben auch die Jesus umgebenden Menschen seine Signale unbewußt aufgenommen und sich von ihnen ansprechen lassen.

Er empfing von Frauen besonders viel Zuneigung, die Männer mögen sich aber in ganz ähnlicher Weise zu ihm hingezogen gefühlt haben. Die unterschiedlichsten Gefühlsströme mögen ihn berührt haben, und ich frage mich, wie er mit all dem Entgegenkommen, der Verehrung und vielleicht auch der Verliebtheit umgegangen ist. Gab es für ihn keine Frau, mit der er eine Liebesbeziehung einging? An Möglichkeiten hat es sicher nicht gefehlt. War er bereits verheiratet? (Eine Annahme, von der ich auch schon gehört und gelesen habe.) Oder fühlte er sich mehr zu Männern hingezogen?

Natürlich werde auch ich keine genaue Antwort auf all diese Fragen finden, ich kann immer nur Vermutungen anstellen, diese müssen aber nicht unbedingt weniger wahr sein als alles andere, was als sicheres Wissen ausgegeben wird. Denn wer will all diese Fragen mit Bestimmtheit beantworten?

Nach allem, was uns von Jesus berichtet wird, hat er in angemessener Weise auf die ihm entgegengebrachten Gefühle geantwortet. Von eindeutigen Liebesbeziehungen erfahren wir nichts. Er mag gewußt haben, welche Verantwortung er damit übernommen hätte, und da sich Jesus in keiner Situation als verantwortungslos erwies, kann es sein, daß er in diesem Bereich bewußt Verzicht geleistet hat. Mag sein, daß er ganz von seiner Aufgabe durchdrungen war und darum auf die Zuneigung seiner Anhänger eine entsprechend eindeutige Antwort fand.

Er ist weder Mann noch Frau in verletzender Weise begegnet, hat niemanden beschämt. Die ihm entgegengebrachte Zuneigung mag ihn sehr gewärmt und in seiner Arbeit bestärkt haben, sie hat ihn aber wohl nicht dazu verleitet, sich nur auf einen Menschen zu konzentrieren. Wenn er nicht schon verheiratet war, dann ist es ebenso möglich, daß es unter all den Frauen in seiner Nähe eine gab, die ihm näher stand als alle anderen, und vielleicht hat er dieser seine Liebe auch deutlicher gezeigt, ohne dabei sein Ziel aus den Augen zu verlieren. Sollte er wirklich in einer Endzeiterwartung gelebt haben, dann mag diese alle anderen Gefühlsbereiche überlagert und damit jeglichen Verzicht erleichtert haben.

Auf jeden Fall hat auch der eventuelle Verzicht auf viele der üblichen Freuden ihn nicht härter gemacht. Ganz im Gegenteil, die Evangelien zeigen uns Jesus als einen Menschen mit einem besonders weiten Herzen. Er erscheint dort nicht als übertriebener Moralist, selbst die Ehebrecherin fand hier Schutz, er überwand aus Liebe zu den Menschen alle Schranken und verurteilte keinen, der im Begriff war, einer Versuchung zu erliegen, oder schon gefallen war. Vielleicht deswegen nicht, weil ihm Versuchungen nicht unbekannt waren, er sie annehmen konnte und sie darum nicht mehr an anderen Menschen bekämpfen mußte. Er stand nicht in der Gefahr der Projektion, sein Bewußtsein war klarer und erfaßte all das, was anderen unbewußt war. Sein erweitertes Bewußtsein machte ihn zu einem Wissenden, und er war sich der daraus erwachsenden Verantwortung den Unwissenden gegenüber bewußt.

Der dunklen Bereiche der menschlichen Seele eingedenk, blieb er nicht bei einer oberflächlichen Sicht seiner Mitmenschen stehen, sondern zog verantwortungsvoll die Konsequenzen aus seinen tieferen Einsichten. Vielleicht ist es gerade die Ahnung einer größeren Eigenverantwortlichkeit, die aus solchem Wissen resultiert, welche uns von einer echten Nachfolge Jesu abhält.

Wir erleben an Jesus, daß er für sich und sein Handeln jederzeit die volle Verantwortung übernahm und damit bis zuletzt eindeutig blieb. Er nahm niemandem seine Eigenverantwortlichkeit ab, im Gegenteil, die Begegnung mit ihm bot den Menschen die ganz neue Möglichkeit, ihr Leben selbst in die Hand zu nehmen, es zu verändern und neu zu gestalten. Er machte sie dazu fähig, indem er ihnen die Last ihrer Schuld abnahm, ihnen Vergebung zusprach. Sie glaubten seiner Botschaft, weil er selbst glaubwürdig war und sein Vorbild sie zu völlig neuen Schritten ermutigte.

»Das Alte ist vergangen, siehe, es ist alles neu«, so drückt die Bibel diesen Sachverhalt aus. Viele seiner Zeitgenossen wurden von seiner Botschaft ergriffen, aber ohne die Glaubwürdigkeit des Überbringers hätte ihr der zündende Funke gefehlt. Daran liegt es wohl auch, daß die meisten unserer heutigen bezahlten Überbringer des Evangeliums so gar keine Wirkung hervorrufen, es mangelt ihnen oftmals an der überzeugenden Ausstrahlung.

Jesus lebte in keinem Zwiespalt, Reden und Handeln befanden sich bei ihm im Gleichklang. Er wird gewußt haben, welch harte Konsequenzen er seinen Anhängern mit seiner Botschaft zumutete. Er begegnete den meisten von ihnen ja nur kurz, danach führte ihn sein Weg weiter. Das bedeutete, daß er niemandem das praktische Tun nach Änderung der Lebensweise abnehmen konnte und dies wohl auch gar nicht wollte.

Die Begegnung mit ihm hat viele Menschen von geistigen, seelischen und körperlichen Leiden befreit, aber nach der Heilung blieb der Alltag mit all seinen Anforderungen zu bestehen, und erst da mußte sich erweisen, wie weit die neu gewonnenen Einsichten reichten. In seiner Nähe schien auf einmal alles möglich. Sie fühlten sich von ihm angenommen, und dieses Gefühl ließ sie innerlich wachsen. Ob ihr Wachstum auch ohne seine Nähe kontinuierlich weiterging, bleibt offen. Immerhin wählte er selbst das Gleichnis von dem verschiedenen Acker. Viele hörten die Botschaft und entflammten in seiner Nähe sehr schnell, doch dann war der Alltag wieder da, und Jesus zog weiter. Selbst seine Jünger, die viel länger als alle anderen in seiner Nähe sein durften, verloren fast ganz den Mut, als ihr Meister verhaftet wurde. Da begann auch für sie die Realität; die Bezauberung, die von seiner Person ausging, fand hier ihr jähes Ende.

An dem Versagen der Jünger wird uns am deutlichsten, wie ausschlaggebend Jesu Persönlichkeit für die Aufnahme seiner Botschaft war. Bote und Botschaft gehörten zusammen, waren untrennbare Einheit.

Wir — Gottes Risiko auf Zeit

Wer hat auf der Erde die Macht?

Sollte es wirklich so sein, daß Jesus sich in der beschriebenen Weise mit Dir eins wußte, sich als Teilhaber Deiner Göttlichkeit erfuhr und nicht eine nur ihn betreffende Gleichsetzung gemeint hat, dann hätte das unübersehbare Folgen für die Menschheit.

Mit der uns bisher vermittelten Gottesvorstellung haben wir es erheblich leichter. Da existiert der allmächtige Gott, an den wir uns im Ernstfall immer wenden können, nach dem Wort: »Bittet, so wird euch gegeben ...« Der verkündigte Gott der Kirche ist letztlich für die Lösung all unserer Probleme zuständig, wenn wir nur recht glauben wollen und uns entsprechend seinen Geboten verhalten. Sogar in unserer heutigen vom Atomtod bedrohten Welt gibt es immer noch genügend Gläubige, die die Ansicht vertreten oder gerne glauben wollen, daß Du es nicht zum Ernstfall kommen lassen wirst. Drastisch ausgedrückt: Die Menschheit kann ihren Wahnsinn in vollen Zügen ausleben, Du behältst trotz allem einen klaren Kopf. Und darauf vertrauen viele in geradezu rührend kindlicher Weise, was nicht verwunderlich ist, denn für sie bist Du zum großen Papa geworden, der nachsichtig mit den kindlichen Launen und Verrücktheiten seiner Kinder umgeht. Sie nehmen die Anweisung: »Macht euch die Erde untertan« nicht ernst, wie es Kindern, die den Anweisungen der Eltern nie so gerne folgen, nun einmal entspricht. Die Verantwortung für ihr verantwortungsloses Handeln wollen sie nicht übernehmen. Da ist ein allmächtiger Gott, der – und sei es in der letzten Sekunde, und bis dahin kann man dann auch ruhig warten – doch noch den Untergang seiner Schöpfung abwendet, eine sehr beruhigende Lösung.

Im Neuen Testament finden wir die Aussage: »Mein Reich ist nicht von dieser Welt«, ein Satz, den man, wörtlich genommen, auf sehr unbequeme Weise auslegen müßte. Für mich bedeutet er: Du verzichtest in dieser Welt auf Deine Macht, hast sie uns überantwortet.

Liebe kann in einem Machtverhältnis nicht gedeihen, von daher erscheint es mir selbstverständlich, wenn Du mit uns kein einseitiges Machtverhältnis eingehen willst. Gerade der große Spannungsbogen von Liebe und Macht läßt mich immer wieder zu diesem Schluß kommen, alles andere erscheint mir nicht in sich stimmig.

Aus alledem ergibt sich für mich die Frage: Hast Du Dich gänzlich in Deiner Schöpfung, in Deinen Geschöpfen aufgelöst und damit für alle Ewigkeit Deine Macht verloren? Oder ist sie nur in dieser Welt nicht mehr in Deinen Händen? Gibt es eine andere Welt, in der sich der menschliche Geist wieder zu einem neuen Leib zusammenfindet, zu einem geistigen Leib, der sich dann als göttliche Wesenheit erkennen kann?

Das würde bedeuten, daß Deine Macht sich erst in dieser Erkenntnis neu entfalten kann. Anders könnte ich vielleicht noch sagen, daß Du hier in unserem menschlichen Dasein gefangen und leidend bist, in dem Maße, in dem wir Gefangene und Leidende sind, und daß unser Geist erst durch den Tod seiner Bestimmung zugeführt werden kann. Unser irdisches Dasein ist verhaftet in der Schwere menschlichen Denkens. Der vom irdischen Sein befreite Geist ist schwerelos, er kennt keinerlei Begrenzung seiner Sicht, er könnte sich mühelos einreihen in eine zusammenfassende Geistesschau, in der Du als alles umfassender Geist sichtbar wirst.

Jesus ist es gelungen, aus dem bisherigen Kreislauf

auszubrechen, sein Geist erlangte diese Leichtigkeit, die für eine Gesamtschau erforderlich ist.

Beim Beten entsteht Klarheit

Jetzt möchte ich noch einer anderen wichtigen Frage nachgehen, die sich zwangsweise ergibt, wenn ich hier über Deine Macht und Ohnmacht nachdenke – wobei es mir darauf ankommt, daß ein *und* ist zwischen diesen beiden Polen und nicht ein *oder* –, und zwar der Frage nach Wirkung oder Wirkungslosigkeit des Gebetes.

Ich glaube, daß sich durch das Gebet Ohnmacht verwandeln und durchaus von macht- und kraftvollem Handeln abgelöst werden kann. Die Worte: »Bittet, so wird euch gegeben, klopfet an, so wird euch aufgetan« scheinen mir sehr tiefgründig zu sein, und darum möchte ich sie auch etwas genauer betrachten.

Von Jesus wissen wir, daß er gebetet hat und auch seine Jünger beten lehrte. Es bleibt beim Lesen der Evangelien kein Zweifel, daß Jesus dem Gebet einen wesentlichen Platz in seinem Leben einräumte.

Vielleicht ist es an dieser Stelle hilfreich, mir meine eigene Einstellung zum Beten noch einmal zu verdeutlichen, bevor ich wieder auf Jesu Gebetshaltung zurückkomme.

In meinem Leben nimmt das Gebet einen ganz zentralen Raum ein. Es ist der Ort, an dem ich mir selbst in unverhüllter Klarheit begegnen kann. Aber dort treffe ich nicht nur auf mich selbst, sondern erlebe Dich als mein Gegenüber, als meinen Spiegel, der es mir ermöglicht, mich mehr und mehr zu erkennen. Wenn ich bete, dann glaube ich einmal, daß du mein Gebet unmittelbar aufnimmst und es nicht im leeren Raum verhallt. Die Tatsache, daß ich dazu nicht einmal laut sprechen muß, beweist mein Vertrauen in Dein Nahesein. Zum anderen glaube ich, daß Du nicht nur hörst, denn je ehrlicher mein Gespräch mit Dir wird, um so deutlicher erkennbar wird mir die mögliche Antwort. Deine liebevolle Annahme ermöglicht es mir, allen Leistungszwang fallen zu lassen. Sie erlaubt mir die nötige Ehrlichkeit, ohne welche erkennende Gebetserhörung gar nicht möglich wird. Ich spreche zu Dir in der Sicherheit, daß ich auch die letzten Vorsichtsmaßnahmen fallen lassen kann, wissend, daß derartige Vorkehrungen vor Deiner alles durchdringenden Einsicht sinnlos wären.

Wenn ich davon ausgehe, daß Du unser aller Schöpfer bist, wer könnte mich dann besser kennen und verstehen als Du?

Der Gedanke, daß vor Dir all meine Regungen offenbar sind, hat für mich nichts Beängstigendes, im Gegenteil, er erleichtert mir mein Bemühen um Aufrichtigkeit. Da ich Dich nicht als strafende und richtende Instanz erfahre, ist mir die Vorstellung, daß Dir nichts verborgen bleibt, nur hilfreich und befreiend. Darum brauche ich auch keine Zeit mit Versteckspielen zu vertun, das würde mir unsinnig erscheinen. Im Gebet erfahre ich Dein alles durchdringendes Wissen als heilsam. Ich kann Dich als Klagemauer verwenden, wenn mir danach zumute ist, aber auch als Quelle meines Glücks preisen, je nachdem, wonach mir der Sinn gerade steht.

Du belehrst mich nicht, Du führst auch keine Gegenklagen, und je bewußter ich Dein Schweigen erfahre, um so hörbarer erwächst mir aus der Stille eine Antwort. Das Offenlegen meiner Hoffnungen, Wünsche und Ängste schafft Klarheit, ist bereits der Beginn der Erhörung.

Ich glaube, daß jedes Gebet in dem Sinne Erhörung finden könnte. Nicht auf eine Weise, daß sich nun sogleich alle Hoffnungen und Wünsche erfüllen und sich alle Ängste verflüchtigen, sondern weil während der Offenlegung aller Bedrängnisse und Freuden Klarheit entsteht. In Deinem Schweigen kommen wir zur Besinnung, unser oftmals unbesonnenes Handeln kann hier ein Ende finden. Erhörung, so verstanden, kann allerdings auch recht schmerzhaft und unbequem sein, weil sich unter Umständen Lösungsmöglichkeiten zeigen, die auch unliebsame Maßnahmen erfordern.

Manchmal habe ich gesagt: Du bist kein Gott für Faulpelze, und das ist vielleicht nicht ganz falsch, denn Du enthebst uns nicht der Mühe, uns unsere Verfehlungen vor Augen zu führen.

Du bist für mich ein Ort der Besinnung. Bei Dir vermute ich liebevolles Verständnis für all meine Kümmernisse, aber auch Mitfreude, wenn ich angefüllt bin von Glück.

Ich sehe im Gebet ein Gespräch mit mir selbst, doch nicht ein einfaches Selbstgespräch, denn im Zentrum meines Wesens begegne ich mir und Dir. Ich bin noch nicht fähig, diese Begegnung in ihrer ganzen Tragweite zu erfassen, sie ist für mich eher eine Ahnung, aber schon diese Ahnung ermutigt mich zu einem vertrauensvollen Einlassen auf das mir noch nicht ganz Erschlossene.

Wie immer Du auch sein magst, bevor ich nicht vom Gegenteil überzeugt werde, gehe ich davon aus, daß Du Deine Geschöpfe uneingeschränkt annimmst, und ich glaube, diese Annahme ist bedingungslos.

Wir können Dein Angebot annehmen oder ausschlagen. Du erscheinst mir wie eine ausgestreckte Hand, ich kann versuchen, mich ihr anzuvertrauen, kann mich aber auch der Berührung entziehen.

Ich glaube, daß Du unter unserer Berührungsangst leidest, denn ich gehe davon aus, daß Du unsere Nähe suchst, Du drängst Dich jedoch nicht auf, wir können Dich auch völlig ignorieren.

Jesu Wort: »Bittet, so wird euch gegeben« kann je nach dem Glaubensverständnis sehr unterschiedlich ausgelegt werden. Menschen, die Dich für allmächtig halten und Dich von daher auch ein wenig als großen Zauberer ansehen, der mit wundersamen Kräften die Geschicke lenkt, legen für mein Verständnis zu schnell die Hände in den Schoß und verwechseln Vertrauen und Hoffnung mit Bequemlichkeit. Diese Form des Bittens wird kaum Erhörung finden, sie dient lediglich zur Beschwichtigung der Angst.

Vielen hilft diese Gebetsweise durchaus. Es ist eine Praxis, die ich zeitweise auch an mir entdecke, obwohl sie nicht meine eigentliche ist. Auf solch kindliche Art sich an Dich zu wenden, das kann mitunter sehr erleichternd sein, weil wir einerseits unsere Ängste aussprechen, andererseits in naiver Form Dich um Erfüllung unserer Wünsche bitten.

Ich glaube, daß alle betenden Menschen Dir auf diese Weise schon einmal begegnet sind. Ich denke mir aber, daß diese Art des Betens durch reifere Stufen abgelöst werden sollte. Es kann eine Durchgangsstufe sein, auf die wir vielleicht in Zeiten großer Bedrängnisse einmal zurückfallen, um momentane Entlastung zu finden; aber das, was ich als erkennende Gebetserhörung verstehe, erreichen wir damit auf Dauer sicher nicht.

Wenn Jesus diesen Satz tatsächlich so ausgesprochen hat, dann hat er nach meiner Meinung mehr an eine Prüfung von Herz und Sinn gedacht, aus der heraus wir unsere Wünsche, Hoffnungen und Ängste formulieren und Dir vortragen. Dabei mag sich schon so mancher Wunsch erledigen, noch bevor wir ihn

Dir genannt haben, weil seine mögliche Unsinnigkeit uns schon beim Bedenken deutlich werden kann.

Ich denke mir, daß Jesus auf diese mehr hörende Weise zu Dir gebetet hat. Sein Umgang mit den Menschen beweist, wie schnell und gründlich er sie erfaßte und durchschaute. Eine derartige Menschenkenntnis erscheint mir nur aus einer großer Selbsterkenntnis heraus möglich. Seine Sinne wurden durch das Gebet geschärft, und in dem Maße, in dem er sich mehr und mehr in Dir erkannte, wuchs auch seine Hellsichtigkeit hinsichtlich seiner eigenen Regungen und Bedürfnisse und damit auch für die seiner Mitmenschen. Das, was wir als übersinnliche Kräfte an ihm vermuten, könnte seinen Ursprung in seinem Umgang mit Dir im Gebet gehabt haben.

Wahrer Mensch und wahrer Gott, so nennt ihn die Kirche, und doch hat es den Anschein, als begreife sie ihre eigene Verkündigung nicht. Den Begriff Menschensohn führt sie fortwährend im Munde, und auch hierbei nimmt sie nach meiner Ansicht den einfachen, aber tieferen Sinn nicht wahr. Statt dessen rückt sie Jesus ganz weit ab von uns, hebt ihn auf ein göttliches Podest, und dort muß er nun getrennt von uns, umgeben von einem Heiligenschein, verweilen.

Die Dunkelheit ist groß

In den letzten Wochen fand ich keine Zeit für diese mir schon sehr vertraut gewordene Arbeit, dafür hatte ich aber Gelegenheit zu vielen anregenden Gesprächen über Dich.

In diesen Gesprächen zeigte sich so manche Gemeinsamkeit in den Vorstellungen über Dich, aber uns wurde auch bewußt, wie verschieden wir Dich erfahren. Gemeinsam war das große Staunen über die Sicherheit, mit der die Menschen im allgemeinen und Deine »Vertreter« auf Erden im besonderen von Dir reden. Sie behandeln Dich wie einen Gegenstand, den jeder kennt und über dessen Gebrauch und Nutzen man Sicheres zu sagen weiß. Diese Tatsache stimmt mich immer wieder traurig, aber auch zornig, und es stellt sich mir die beunruhigende Frage, ob ich denn wohl in angemessener Weise von Dir spreche. Ich bin davon überzeugt, daß sich oberflächliches Reden und Denken über Dich letztendlich gegen uns selber richten.

Aber kann man denn Menschen, die es niemals gelernt haben, sich mit den Tiefen ihres Seins bewußt auseinanderzusetzen, vorwerfen, oberflächlich zu sein? Das ist eine schwierige Frage, die in viele Beziehungsbereiche hineinreicht. Können wir überhaupt etwas von Deiner Wirklichkeit wahrnehmen und darüber aussagen, da wir uns in der Regel doch nur in Teilbereichen unseres Seins erfahren und auch das oft nur in unzureichendem Maße? Wie viele dieser Bereiche haben wir nach schmerzhaften Erfahrungen einfach abgespalten und verdrängt. Wenn Du aber alles durchdringen und in uns Gestalt annehmen willst, dann haben wir Dich mit ins Abseits gedrängt. Dort existierst Du abgetrennt von uns. Diese Spaltung scheint fast unüberwindlich zu sein, zu einer wirklichen Integration kommt es wohl nur bei den wenigsten Menschen.

Ich sehe im Grunde kaum Hoffnung für alle, die in der eben beschriebenen seelischen Verkümmerung nach Dir fragen. Sie können Dich nur gemäß ihrem stark eingeschränkten Bewußtseinsstand erfahren. Wie viele Menschen sind schon gestorben, die Dich nicht als befreiende Lebensmöglichkeit im Sinne Jesu erfahren konnten! Wie viele sterben täglich! Da hilft kein billiger Trost, denn unser irdisches Dasein ist in dieser Form sicher einmalig, und ich glaube, daß Du allen Menschen auch schon in diesem Leben die befreiende Kraft sein wolltest.

Ich glaube nicht, daß Du uns einfach mit einem großen Wurf ins All geschleudert hast und uns dort uns selbst überlassen wolltest. Und sollte es doch so etwas Ähnliches wie ein risikoreicher Wurf, ein Versuch sozusagen, gewesen sein, dann befindest Du Dich mit uns im Absturz. Das ist heute ganz wörtlich zu nehmen, denn im Atomzeitalter ist der letzte große Knall in geradezu bedrohliche Nähe gerückt. Der Wahnsinn des Wettrüstens feiert rauschende Feste, und wer weiß wie lange noch? Die Kosten dieses Wahnsinns werden mit dem Leben von Millionen verhungernder Menschen aus der sogenannten Dritten Welt beglichen.

Immer da, wo wir lieblos mit anderen umgehen – und wo wird das deutlicher als im Blick auf die Ärmsten der Armen –, richtet sich unser Verhalten in schärfster Form gegen uns selbst. »Mit dem Maße, mit dem ihr gemessen habt, wird man euch messen«, so oder ähnlich heißt es bereits in der Bibel.

Nur Menschen, denen ihr eigenes Leben nicht lebenswert erscheint, gehen derart leichtfertig mit anderem Menschenleben um. Daß wir es einfach hinnehmen, wenn so unglaublich viele Menschen vor Hunger sterben müssen, nur damit wir unseren Lebensstandard halten können, sagt im Grunde alles über unsere Lebensqualität aus. Auch die sicher wohlmeinenden Spenden reichen nicht zur Abtragung des inzwischen unübersehbaren Schuldberges, sie haben nur den Charakter von Brosamen, die von den Tischen der Reichen herabfallen, und dienen lediglich zur Beruhigung des hin und wieder aufgescheuchten Gewissens.

Aber gerade die Tatsache, daß es keine Entschuldigung für fahrlässiges Töten gibt, sollte insbesondere meine Generation vom hohen Roß herunterholen. Nach meiner Meinung haben wir kein Recht, irgend jemand für das Versagen zum Beispiel im Dritten Reich schuldig zu sprechen, solange wir uns mit unserer eigenen Schuld so häuslich und gemütlich eingerichtet haben. In derartigen Versuchen sehe ich nach meinem heutigen Verständnis nur ein Ablenkungsmanöver von unser aller derzeitigem Versagen.

Viele von uns sehen hoffnungsvoll auf die Friedensbewegung, aber sind die wenigen Lichter in der Lage, eine so große Dunkelheit zu erhellen? Können wir uns wirklich der Hoffnung hingeben, daß es einer Minderheit gelingen wird, die träge Mehrheit in Bewegung zu setzen, da uns angesichts der Sprengstoffhalden nur noch ein aufgehendes Lichtermeer retten könnte?

Diese Mehrheit müßte im wahrsten Sinne des Wortes erleuchtet werden, wenn sie noch einen Ausweg aus der sich anbahnenden Katastrophe finden will. Der Weg, den wir beschritten haben, wird mit tödlicher Logik sein Ende finden. Wenn es überhaupt so etwas wie Gerechtigkeit auf Erden gibt, dann werden wir die Rechnung für das durch unser Macht- und Wohlstandsstreben hervorgerufene alljährliche Massenelend und -sterben in gleicher Münze zu bezahlen haben.

Ich denke darüber nach, ob eine Rückschau auf Jesus mir auch in bezug auf meine pessimistische Zukunftserwartung helfen kann. An dieser Einschätzung wird sich für mich grundsätzlich nichts ändern, aber ich möchte der Frage nachgehen, warum eine derartig illusionslose Sicht mich nicht in Verzweiflung oder Betriebsamkeit fallen läßt und inwieweit dabei meine Orientierung an Jesus eine Rolle spielt.

Wenn ich einmal davon ausgehe, daß Jesus in der Überzeugung lebte, daß das Ende der Zeit durch Deinen Einbruch in diese Welt bevorstand, dann stelle ich fest, daß er im Vergleich zu uns der Vorstellung vom Ende dieses irdischen Lebens angstloser begegnete, ja solch einen Zustand vielleicht sogar erhoffte.

Nun gab es schon immer und gibt es sicherlich auch heute noch genug Menschen, die ihr Leben so beklagenswert finden, daß sie das Ende der Welt und damit einen erlösenden Neuanfang für die Menschheit geradezu herbeisehnen. Das wird uns schon von den damaligen Korinthern berichtet, und derartige Hoffnungen werden ganz sicher bis auf den heutigen Tag in Kirchen und mehr noch in Sektengemeinschaften gehegt.

Vielleicht war auch Jesus von ähnlichen Gedanken und Hoffnungen bewegt, vielleicht ist das die Erklärung für sein kompromißloses Handeln. Aber ich kann nicht so recht daran glauben. Es bleibt die Tatsache, daß er trotz der Hoffnung auf das Ende dieser Zeit nicht die Hände in den Schoß legte und weder in Depressionen noch in übertriebene Geschäftigkeit verfiel, sondern mit liebendem Herzen und klarem Bewußtsein daran ging, die noch verbleibende Zeit in neuer, lebendiger Weise für sich und die ihm Nachfolgenden zu gestalten. Auch wenn er an das aller Welt bevorstehende nahe Ende gedacht haben mag, so sprach er doch unentwegt die Menschen auf den neuen Anfang im Hier und Jetzt an, gab ihnen Hilfestellung für ein lebenswerteres Dasein, das sich an neuen Maßstäben orientieren konnte. Er verachtete weder Fröhlichkeit noch Traurigkeit, auch vertröstete er niemanden lediglich auf das Jenseits. Er sprach vom Anbruch Deines Reiches schon in dieser Zeit. Seine Hilfe kam unmittelbar jedem zugute, der um sie bat und an sich geschehen ließ. Ihm schien jeder

Tag, den ein Mensch im Heilszustand erleben durfte, wichtig zu sein, selbst Tote hat er – wenn wir der Schrift glauben dürfen – in dieses Leben zurückgerufen. Allerdings wollte er seinen Anhängern zu einem reicheren Leben helfen und ihnen somit ein anderes Bewußtsein erschließen. Er selbst lebte, nach allem, was wir von ihm wissen, ganz und gar im Heute.

Es gibt viele Menschen, die sich nicht vor dem Tod, dafür aber um so mehr vor dem Leben fürchten. An Jesus entdecken wir keine Lebensfurcht, er macht den Eindruck, als wollte er es bis auf den Grund ausloten. Mit seiner möglichen Todesfurcht will ich mich im Moment noch nicht befassen, weil mir erst einmal die Feststellung wichtig ist, daß er sich in angstüberwindender Weise dem Leben stellte. Wenn uns die Texte von ihm ein furchtloses Bild vermitteln, so heißt das für mich noch nicht, er habe niemals Angst gehabt, sondern daß er seine Ängste soweit überwinden konnte, daß er furchtlos erschien.

Ich glaube, daß er erstens alle seine Ängste erfaßte, zweitens sie verringerte, indem er sie bewußt erlebte, sie drittens Dir im Gebet vortrug und sie damit endgültig loslassen konnte, wodurch ihnen ihre Macht genommen war.

Verantwortlich oder unzurechnungsfähig?

Jesus scheint unserem Leben einen hohen Stellenwert beigemessen zu haben. Jeder Tag, den ein Mensch in einem veränderten Bewußtsein erleben durfte, schien ihm sinnvoll zu sein. Daher auch sein Aufruf: »Heute, wenn ihr das Wort hört, tut Buße und kehrt um.« Das Gleichnis von den klugen und törichten Jungfrauen macht sehr deutlich, worum es ihm ging.

Jesu eindrucksvolles Beispiel hat auch in meinem Leben seine Spuren hinterlassen. Ich glaube wie er an die Bedeutsamkeit eines jeden Tages mit all seinen Begegnungen, auch mir ist das Hier und Jetzt immer wesentlicher geworden. Wie kann ich den mir geschenkten Tag am besten ausschöpfen? Welche Aufgabe hat er für mich? Begreife ich, daß jeder Moment, jede Begegnung, ja jeder Gedanke Ewigkeitswert hat?

Ich stelle bei mir fest, daß mich der Gedanke an eine bedrohliche Zukunft nicht in Angst und Schrekken versetzt, obwohl ich das Leben sehr liebe. Meine Liebe zum Leben ist auch während des tiefsten Schmerzes nicht gestorben, im Gegenteil, sie wurde nach allen Tiefpunkten um so lebendiger. Der Spruch: »Lebe so, als wäre jeder Tag der letzte«, der in meinem Elternhaus an einer Wand hing, hat mich geprägt. Er hat mich schon früh zum Nachdenken angeregt, mich in allen Lebenslagen begleitet und wurde mir somit langsam zum Kapital. Jeder Tag, unter dem Aspekt gelebt, er könnte der letzte sein, erhält ein schweres Gewicht. Von daher gibt es für mich keine langweiligen oder sinnlosen Zeiten. Es gibt wohl beschwerliche oder ausgesprochen schmerzliche Tage, sie sind unvermeidlich, aber nicht unüberwindlich. Sie zeichnen die Konturen eines Tages ganz scharf, während ruhige Zeiten eher etwas Unbestimmtes an sich haben.

Aus dieser Lebenssicht heraus haben Zukunftsängste keinen vordringlichen Platz in mir, entscheidender ist die Sorge um den jeweiligen Tag. Achte ich darauf, daß er mir nicht einfach zwischen den Fingern zerrinnt? »Sorget euch nicht um den nächsten Tag«, auch dieses Wort klingt da mit hinein.

Doch all diese schönen, ermutigenden Worte entbinden uns nicht von der Pflicht, für das Weiterbestehen Deiner Schöpfung zu sorgen. Hier haben wir entschieden zu unbesorgt gelebt, und diese Tatsache wird sich rächen. Ich quäle mich zwar nicht mit der Angst vor dem möglichen Atomtod herum, aber fühle mich doch verpflichtet, im Gespräch mit anderen Menschen auf unsere gemeinsame Schuld hinzuweisen. Denn ob wir es wollen oder nicht, diese gemeinsame Schuld ist das, was uns miteinander am stärksten verbindet. Es sollte eigentlich die Liebe sein, aber wir haben sie in vielfältige Schuld verwandelt und immer weiter vererbt. Unsere Kinder wollen diese Erblast nicht, doch werden sie kaum noch Möglichkeiten haben, diese Bürde loszuwerden.

Es gibt gar keinen Zweifel daran, daß wir uns täglich mit jedem Bissen aus unseren vollen Schränken schuldig machen, weil mit Sicherheit gerade in dem Moment wieder ein Mensch oder auch mehrere vor Hunger sterben. Wir wissen darum, doch dieses Wissen bringt uns nicht um unseren Appetit. Wir sorgen uns leidenschaftlich um unser leibliches Wohlergehen, bekämpfen unseren Wohlstandsspeck mit wohldosierten Diäten oder Hungerkuren. Diese Form von Hungern ist allerdings keine Solidarität mit den wahrhaft Hungernden, sie ist eher eine Verhöhnung des Elends.

Doch die Fülle, die der Wohlstand uns bescherte, hat uns keineswegs gesünder und zufriedener gemacht, eher ist das Gegenteil der Fall.

Ich glaube, es ist kein Zufall, daß in der westlichen Welt dermaßen viele Menschen an den sogenannten Wohlstandskrankheiten leiden und daran häufig vor der Zeit sterben. Der Selbstmord mit Messer und Gabel ist im Zunehmen begriffen, und auch diese Tatsache scheint mir zeichenhaft zu sein.

Vielen Menschen ist der Zwiespalt, in dem wir alle

mehr oder weniger leben, durchaus bewußt, und doch wählen sie den bequemeren Weg. Dieser führt sie hin zu dem altvertrauten Gottesbild. Danach bist Du der allmächtige Gott, der seine Schöpfung vor dem Untergang retten kann und wird. Sie glauben an Deine Allmacht und hoffen, daß Du ihnen ihre Arbeit abnimmst. Sie bekennen auch reuig ihre Schuld, weisen aber gleichzeitig auf ihre Ohnmacht hin und bitten im Gebet, daß Du eingreifen und handeln mögest. So reduzieren sie sich selbst auf eine kindliche Stufe und erwarten vom Vater, daß er für ihre Unvernünftigkeiten einsteht.

Genaugenommen sind wir alle mehr oder weniger auf einer derartig kindlichen Ebene verblieben, wobei die wirklichen Kinder uns im Hinblick auf die Echtheit von Gefühlen und an Einsichten noch weit überlegen sind. Da die meisten von uns nicht das Glück hatten, bei Eltern aufzuwachsen, die ihnen einen vollen Reifungsprozeß ermöglichten, war es wohl unvermeidlich, daß wir unseren Wunschvater in den Himmel verlegten, nachdem unsere irdischen Väter und Mütter unsere Bedürfnisse nicht abdecken konnten und sich eher als ohnmächtig erwiesen. Dieser himmlische Vater muß dann auch notwendigerweise alles können, er straft zwar auch, aber das tut er nur zum Besten der Kinder, und selbstverständlich überläßt er sie nicht einfach ihrem Schicksal.

Dieses Idealbild findet in den Enttäuschungen über die Unzulänglichkeit der leiblichen Eltern ständig neue Nahrung. Es ist ein Bild, das schon immer gefährlich und todbringend war und in der vor uns liegenden Zeit um so verhängnisvoller sein wird. Von Deiner Allmacht war in Auschwitz nichts zu bemerken. Da aber die Menschen an die Strafen ihrer Väter gewöhnt sind, mag es ihnen selbstverständlich erscheinen, daß Du sie bestrafst, indem Du ihnen in ihren Nöten keine Hilfe zuteil werden läßt. Wer mag im übrigen angesichts des Holocaust oder von Hiroshima und Nagasaki – wenn ich nur einmal ein paar der vielen entsetzlichen Beispiele neuerer Zeit herausgreife – überhaupt noch an einen Sinn denken? Wer kann es?

Daß wir Dich als große Liebeskraft verstehen, hat sicherlich etwas mit unserem ungestillten Liebesverlangen zu tun. In dem Bereich waren unsere Eltern und deren Eltern nicht in der Lage, uns das notwendige Maß an Zuwendung für eine volle Ausreifung unserer Persönlichkeit zukommen zu lassen. Damit begann ein unseliger Entwicklungsprozeß, der im Verlauf der Geschichte eine unübersehbare Blutspur nach sich gezogen hat. Angesichts des so entstandenen menschlichen Fehlverhaltens stellt sich natürlich die Frage, inwieweit wir vom einzelnen Schuldübernahme und Verantwortung fordern können, denn wissen wir überhaupt, wovon wir da reden?

In unserem Rechtsalltag ist es so, daß Kinder bei schuldhaftem Verhalten noch nicht voll zur Verantwortung herangezogen werden können, für sie gilt verminderte Zurechnungsfähigkeit. Inwieweit läßt sich dieser Vergleich auch auf uns sogenannte Erwachsene übertragen?

Die Politiker und Wirtschaftsmachthaber, die den Rüstungswettlauf ständig beschleunigen, kann man ganz sicher nicht mehr für ganz zurechnungsfähig halten, eher für wahnsinnig oder moral- und skrupellos, ebenso aber auch ihr Fußvolk, das diesen Wahnsinn ohne größeren Protest hinnimmt und ihn auch noch aus eigener Tasche finanziert. Sind wir Völker von Irren? Oder zumindest von irregeleiteten Kindern, die sich leicht zu jeder Untat verleiten lassen? Ist damit unsere Schuldzurechnungsfähigkeit herabgemindert? Ich glaube, daß wir unseren Kopf nicht so leicht aus der selbstgeknüpften Schlinge ziehen können. Nach meiner Ansicht ist unsere Zurechnungsfähigkeit zwar wirklich herabgesetzt, aber doch nicht so weit, daß uns keine Verantwortung mehr treffen könnte. Auf jeden Fall bewahrt uns diese Tatsache nicht vor den entstehenden Folgen. Auch sind die Chancen, unsere Entwicklung trotz aller uns umgebenden Heillosigkeit noch voranzutreiben, nicht gänzlich ausgeschöpft.

Die Tatsache, daß es im Verlauf der Menschheitsgeschichte immer wieder einzelne Menschen gegeben hat, die auf den uns möglichen Entwicklungsstufen weiter vorangeschritten sind, ist ein deutlicher Hinweis darauf, daß Du uns sichtbare Zeichen gesetzt hast. Du hast nicht mit mächtiger Hand in die Geschicke eingegriffen, dafür hast Du uns Menschen gesandt, die zu Trägern wahrer Menschlichkeit wurden. Am deutlichsten hast Du uns Deine Vorstellung vom menschlichen Wesen im Antlitz Jesu gezeigt. Er wurde zum unübersehbaren Mahnmal. Seit wir von ihm wissen, ist es uns nicht mehr so leicht möglich, uns aller Verantwortung und Schuld zu entziehen.

Dogma vom Opfertod statt Nachfolge

Solange Jesus mit seinen Jüngern zusammenlebte, schienen auch sie Anteil an dem Kraftfeld zu besitzen, das ihn umgab, waren sie in der Lage, den Menschen seine Botschaft zu übermitteln. Sie konnten in sich ihre Fähigkeiten zur Heilung von Menschen wachrufen und sie wie ihr Meister einsetzen, wenn auch wohl nicht in demselben Ausmaß wie er. Als Jesus starb, brauchten sie einige Zeit, um sich aus ihrer Lähmung zu befreien. Nun hieß es, ihrer Schwäche, ihrem Versagen, dem Verrat und der Flucht ins Auge zu sehen. Das letzte Kapitel in ihrer Geschichte mit ihm war kein Ruhmesblatt, dort fand sich die ganze Bandbreite menschlicher Schwächen.

Wenn ich mich in das Unglück dieser Männer hineinversetze, dann wird mir klar, daß sie sich einen Ausweg schaffen mußten, und sie fanden einen mit weitreichenden Folgen. Sie rückten nun ab von den Ansprüchen, die Jesus an alle Menschen gerichtet hatte; statt dessen erhöhten sie ihn zum Messias, zum Christus, der für die Sünden einer wankelmütigen Menschheit sterben mußte, um ihr damit einen Weg zu Dir zu bahnen. Nachdem sie selbst so kläglich versagt hatten, blieb ihnen wohl nur noch der Ausweg, ihren Meister auf eine göttliche Stufe neben Dich zu stellen.

Doch damit rückte der Gedanke an die menschliche Schwäche immer stärker in den Vordergrund. Zwar riefen sie ständig dazu auf, diese zu überwinden, aber die letzte Rettung blieb Jesu Opfertod. »Er nahm alle unsere Schuld auf sich«, so heißt es dann auch entlastend.

Nachdem sie an Jesus ein so beispielloses Verhalten erfahren hatten, lag der Schluß, daß eine solche Lebenshaltung für den Durchschnittsmenschen nicht nachvollziehbar sei, sehr nahe. So riefen sie zwar unermüdlich zur Nachfolge auf, aber nicht mehr zum Einholen. Indem sie ihn erhöhten, war es ihnen möglich, auf der unteren, weniger anstrengenden Stufe zu verbleiben, war ihnen durch seinen Sühnetod doch Vergebung ihrer Schuld und die ewige Seligkeit gewiß.

Wenn all diese Schlüsse, die sich mir aufdrängen, richtig sein sollten, dann bleibt mir nur die Feststellung, daß durch die Sühne- und Opfertheorien echte Nachfolge in Jesu Fußstapfen gar nicht möglich ist.

Es wurde den Menschen zwar ein besseres Jenseits versprochen, dafür aber beraubte man sie der Möglichkeit, auch schon im Diesseits zur größtmöglichen Entfaltung zu kommen, denn ihre Schwäche und Sündhaftigkeit schien unüberwindlich zu sein. Nachdem man denjenigen, nach dessen Namen wir uns benennen, an Deine rechte Seite plaziert hatte, ist er für uns unerreichbar geworden. Da er außerdem noch für unsere Sünden sterben mußte, wird der Abstand zu uns vollkommen unüberwindlich.

Wir haben nun nicht nur die Last unseres eigenen Versagens zu tragen, wir müssen uns auch noch mit der Tatsache abfinden, daß wir Jesu Leben auf dem Gewissen haben.

Wenn ich diese Kreuzestheologie in ihrem ganzen Ausmaß bedenke, dann wundert es mich überhaupt nicht, daß die meisten Gläubigen ein gestörtes Verhältnis zu Dir und Deinem Sohn haben. Wir werden zwar Deine Kinder genannt, leben aber mit dem Gedanken, nur Jesus sei Dein wahrer Sohn, an dem Du Wohlgefallen hast, wir dagegen wären allenfalls Deine Stiefkinder. Es ist uns zwar erlaubt, Dir unser Leid zu klagen, aber es gilt als vermessen, Dich anzuklagen. Der Gedanke, daß Du Deinen liebsten Sohn für unsere Schuld und Missetat geopfert hast, weil unsere Sünden uns sonst unüberbrückbar von Dir getrennt hätten, läßt jeden Protest, jede Anklage im Keim ersticken, übrig bleibt lediglich eine angemessene Dankbarkeits- und Demutshaltung. Jesu Opfertod dient auf diese Weise zur Aufdeckung unserer ganzen Verderbtheit. Wer wagt angesichts solch eines schwerwiegenden Opfers noch eine Anklage gegen Dich?

Nach meiner Meinung wurde mit der Theologie vom Kreuz ein entscheidender Schritt in Richtung auf eine unheilvolle Entmündigung der Gläubigen vollzogen. Ein Schritt mit schwerwiegenden Folgen bis auf den heutigen Tag, denn noch immer wird Deine Botschaft dieser Auslegung entsprechend an uns herangetragen. Das Abendmahl wird ungebrochen weiterhin gefeiert und gilt als das heiligste Sakrament unserer beiden großen Kirchen. Es hat sich also nichts Wesentliches geändert. Die Menschen kommen wie je mit schuldgesenktem Haupt zum Tisch des Herrn und bitten um Vergebung für ihre sündige Existenz.

Und immer wieder frage ich mich, warum die Widersprüche in der Verkündigung nicht erkannt werden. Es kann nicht angehen, daß Du Dir Geschöpfe geschaffen hast, zu denen Du im Grunde keinen Zugang finden kannst, so daß Du Dir eine blutige Brücke bauen mußtest, auf der wir dann unseren Weg zu Dir finden sollen.

Wenn es wirklich so wäre, dann meine ich, daß Du entschieden zu viel von uns verlangst, ich für meinen Teil würde auf dieser Blutspur ausrutschen, sie eignet sich für mich nicht als Weg zu Dir.

Mir kommen die Abendmahlsfeiern gängiger Art geradezu gespenstisch vor, und es erschüttert mich immer wieder, wenn ich all die traurigen, schuldgesenkten Häupter sehe, die da um den Altar versammelt sind. Mit welch selbstverständlicher Bereitschaft haben sie ihr ihnen eingeredetes Schicksal auf sich genommen! Die ganze Zeremonie hat etwas unglaublich Erdrückendes, Starres an sich, auch wenn behauptet wird, Befreiung sei die Folge. Allein in der Tatsache, daß dieses Ritual ständig wiederholt werden muß, zeigt sich ein Aspekt dieses Widerspruchs. Nach der Meinung der Kirche geht es nicht an, daß Du alle unsere Sünden in einem einzigen Akt vergibst, wir müssen ständig daran erinnert werden, wie erbärmlich wir doch sind, und erhalten Vergebung für unsere Missetaten daher auch nur in angemessener Dosierung.

Die Kirche hat im Verlauf ihrer Geschichte aus Dir eine Krämerseele gemacht, entsprechend dem menschlichen Vaterbild, denn die Mütter haben es nur selten geschafft, zu einem heilsamen Gegengewicht zu werden. So wie wir bei unseren Eltern keine ungeteilte Annahme erfuhren, so vermuten wir diese auch bei Dir nicht. Es will eben alles erbeten sein, im Himmel wie auf Erden, und ohne Fleiß kein Preis, das ist die Essenz des Glaubens wie auch der täglichen Erfahrung.

Ich erlebe mit Staunen in den Kirchen diese angeblichen Befreiungsmahle, sie erscheinen mir unglaublich leblos. Die dort praktizierte Glaubenshaltung kann ich schon seit geraumer Zeit nicht mehr nachvollziehen. Die wenigen Male, die ich im Kreis von Freunden aus der Friedensarbeit am Abendmahl teilnahm, habe ich in einem anderen Geiste mitgefeiert als ein verbindendes Zeichen der Gemeinschaft in einem Kreis von Menschen, die sich kennen oder doch Willens sind, sich kennenzulernen. Für mich wird es auch in Zukunft nur wenig Anlässe geben, am Abendmahl teilzunehmen, jedenfalls nicht an den üblichen kirchlichen Trauerfeiern. Ein Mahl im Kreis mir bekannter Menschen wird für mich ein Stück Solidarität sein, ohne jeglichen Opfer- und Sühnegedanken, lediglich ein Symbol für unsere wachsende Gemeinschaft. Ein richtiges gemeinsames Essen mit allem, was dazugehört, wäre mir noch lieber.

Ich gehe davon aus, daß es um Jesus herum fröhliche, lebendige Tischgemeinschaften gegeben hat, die mit unseren erstarrten Totenfeiern nicht einmal entfernt zu vergleichen sind. Vergebung und Annahme scheinen mir unter den hier gegebenen Voraussetzungen mehr als zweifelhaft, wenn ich am nächsten

Sonntag womöglich wieder hingehen muß, um eine weitere Portion Vergebung zu erlangen.

Eine derartige Vorstellung von Dir paßt aber sehr gut zu der weit verbreiteten kindlichen Haltung Dir gegenüber. Kinder, denen das Urvertrauen fehlt, versichern sich immer wieder aufs neue der Zuneigung und Annahme ihrer Eltern, doch der grundsätzliche Zweifel über die Echtheit der Zusicherungen bleibt ihnen. So etwa könnte man auch unser Verhältnis zu Dir beschreiben. Man hat uns am Erwachsenwerden gehindert, und so haben wir uns auf dieser Stufe ganz gut eingerichtet. Sie schenkt uns zwar nicht die zugesicherte Befreiung, dafür aber die Annehmlichkeit eines relativ bequemen Daseins. Wir brauchen nicht die volle Verantwortung für unser Leben zu übernehmen, denn es gibt ständig eine Hintertür, wenn wir uns vor Dir nur recht tief in den Staub werfen. In der Beichte wird dieser Zusammenhang besonders deutlich.

Doch unsere Kirchen haben zum Glück auch noch andere Seiten zu bieten, und viele davon sind für die Gesellschaft von großem Nutzen, wenn man zum Beispiel an die zahlreichen sozialen Einrichtungen denkt, in denen mit sehr viel Engagement gearbeitet wird. Doch bleibt das erste Anliegen der Kirche die Verkündigung des Wortes, einschließlich der Vergebung der Sünden in Deinem Namen. Früher mußte dieser Akt noch mit Bargeld bezahlt werden, heute geschieht das in viel unauffälligerer Weise in Form von Kirchensteuern und Opferstöcken. Entsprechend dem Wort: »Alles hat seinen Preis« wird auch hier und heute verfahren.

Die Kirchen leben nach meiner Meinung zwar nicht von der wahren Botschaft Jesu, doch von der seiner Nachfolger, und mit ihr haben sie sich gut eingerichtet. Jesu Botschaft, so wie ich sie verstehe, würde der Kirche ihre jetzige Existenzgrundlage entziehen. Wollte sie trotzdem weiterbestehen und ihren Gläubigen eine wirkliche Hilfe werden – und ich meine, daß sie das unter anderen Voraussetzungen wirklich sein könnte –, dann müßte sie ihr Gesicht gänzlich verändern. Es wäre jedoch falsch, wollte man allen Kirchenvertretern macht- und besitzgierige Absichten unterstellen. Damit würde man den vielen redlichen Bemühungen nicht gerecht werden. Ich denke, sie haben eine Erblast unbedacht übernommen, nicht gründlich genug weitergefragt und zu vorschnell alle Gedanken, die ihre Theologie in Frage gestellt hätten, verketzert. Mit dieser Haltung unterscheiden sie sich nicht wesentlich von ihren Gläubigen, doch leider trägt diese schon so lange gepredigte Botschaft nicht ihrem Auftrag gemäß zu befreiter Menschwerdung bei. Zu diesen Überlegungen kommt mir Dostojewskis Legende vom Großinquisitor in den Sinn, eine empfehlenswerte Lektüre speziell für unsere Kirchenführungsspitze.

Mein Verhältnis zur Kirche ist sehr gespalten. Trotzdem gibt es für mich eine Reihe von Gründen, dennoch in ihr zu verbleiben. Sie ist für mich noch immer eine Gemeinschaft von Suchenden, und als Suchende kann auch ich mich bezeichnen. Auch glaube ich zusammen mit den vielen anderen Menschen in dieser Kirche an Deine Existenz, obwohl ich sie mir sicherlich anders als die meisten meiner offiziellen Glaubensgenosssen vorstelle. Zudem gibt es in ihr – speziell in der evangelischen Kirche – heute schon eine Reihe von Theologen, deren Selbstkritik und deren Mut zur Äußerung von anderen als den herkömmlichen Standpunkten mir ein weiteres Stück der Verbundenheit schenken. So werde ich trotz aller Kritik an dieser für meine Begriffe falsch ausgerichteten Glaubensgemeinschaft weiter in ihr leben, wenn auch mit zwiespältigen Empfindungen. In mir ist während meiner jahrelangen Auseinandersetzung mit dieser Hierarchie und ihren Verkündigungen eine neue Vorstellung von Dir gewachsen, die ich für mich schon hier und jetzt als befreiend erlebe. Ob ich damit der Wahrheit ein Stück näher gekommen bin, weißt nur Du allein.

Ich stelle unsere Kirchen in aller Schärfe in Frage, aber das Wissen um meinen möglichen Irrtum bewahrt mich vor einem letzten Urteil und vor dem Verlassen einer Gemeinschaft von Suchenden, in der auch ich nur eine von vielen bin.

Der Ausweg aus Depression und Betriebsamkeit

In den letzten Tagen habe ich in Gesprächen mit Menschen, die über Dich und Deine Vorstellung vom Frieden nachdenken, mehr und mehr erkennen müssen, daß ich mich mit meinem Standpunkt auf einsamem Posten befinde. Daß ich mit meiner Sichtweise von Dir im Abseits stehe, ist mir schon seit langem klar, aber es gibt Momente, in denen es mir stärker ins Bewußtsein dringt. Wenn ich dann meinen Gesprächspartnern zuhöre, werde ich mitunter recht mutlos und spreche nicht immer das aus, was mir gerade durch den Sinn geht. Ich sehe ihre Hoffnungen und, wie mir oftmals scheint, auch Illusionen im Blick auf einen zu schaffenden Frieden. Viele möchten sich in Aktionen stürzen, um sichtbare Zeichen seitens der Kirche zu setzen, obwohl die Erfahrung gezeigt hat, daß sich reiner Aktionismus am Ende in sich erschöpft. Der sehr viel mühsamere Weg der kleinen Schritte scheint angesichts der drohenden

Weltkriegsgefahr nicht mehr angebracht zu sein. Der Gedanke, daß es für einen beständigen Frieden – den eigentlich noch niemand von uns kennt – zu spät sein könnte, wird abgewehrt, und Aktionen sind dann ein willkommenes Ablenkungsmanöver für die innere Verzagtheit.

Ich habe gar nichts gegen Aktionen, sie sind unverzichtbarer Bestandteil aller Friedensarbeit; die Zeichen des Protestes können wir nicht missen, schweigsames Hinnehmen des politischen Unverstandes läßt uns um so mehr schuldig werden. Was mich aber wirklich traurig macht, ist die Beobachtung, daß anscheinend kaum jemand in der Lage ist, der Aussichtslosigkeit ins Gesicht zu sehen, ohne vor ihr die Augen zu verschließen. Ich denke mir, daß erst dieser Schritt, sozusagen ins Leere hinein, uns zur Besinnung bringen könnte.

Zum Vergleich fallen mir die Erfahrungen krebskranker Menschen ein. Für viele dieser Todgeweihten wurde erst die letzte Lebenszeit im Angesicht des Todes zur einzig wirklich intensiv gelebten Zeit ihres Daseins. Hier erst gewahrten sie die Bedeutsamkeit, das Geschenk eines jeden Tages, hier erst gelang es ihnen, ihre gestörten Beziehungen zu ihren Nächsten in Ordnung zu bringen, hier nahmen sie vielleicht zum ersten Mal in ihrem Leben bewußt den Sonnenschein oder die Schönheiten der Natur wahr. Ihr Leben erhielt eine bisher unbekannte Qualität, und auch die Bereitschaft zum Überlebenskampf oder das Bemühen um eine Verlängerung der verbleibenden Frist wuchs ungebrochen trotz des Wissens um den Tod. So manch einer mag voller Bedauern auf die blind verlebten Tage des Lebens zurückgeblickt und dennoch den Neuanfang gewagt haben.

Mich bedrückt der Gedanke sehr, daß wir die Chance eines Neuanfangs vor lauter Panik oder Resignation möglicherweise an uns vorbeiziehen lassen und dann doch, wenn auch ohne zur Besinnung zu kommen, in den vorprogrammierten Massentod gehen werden. »Lehre uns bedenken, daß wir sterben müssen, auf daß wir lernen zu leben«, so könnte ich es in wenigen Worten als Bitte zusammenfassen.

Wenn wir angesichts der immer wahrscheinlicher werdenden Zerstörung unseres Erdballs zur Besinnung kämen, dann hätte das zur Folge, daß wir diese wunderschöne Schöpfung mit wirklich sehenden Augen betrachteten, ihre Einzigartigkeit, aber auch ihre Verletzbarkeit erfaßten und dann unseren Protest in schärfster und unüberhörbarer Weise ausdrückten.

Die Erfahrung lehrt leider, daß wir erst im Verlust den Wert eines Menschen oder einer Sache erkennen. Wir haben alles zu verlieren, nichts wird sich mehr reparieren lassen, wenn unser Planet im Strahlenpilz verglüht.

Die heute vielerorts spürbare Endzeitstimmung könnte sich in eine Neuzeitstimmung verwandeln. In ihr bestünde vielleicht die Möglichkeit, den menschlichen Reifungsprozeß zu einem positiven Abschluß zu bringen, selbst wenn er trotzdem unausweichlich sein Ende fände. Diese Todesphilosophie ist im Grunde eine Lebensphilosophie ersten Ranges, doch leider werden alle Signale, die an den Tod gemahnen, angstvoll verdrängt. Eine Gesellschaft, die das Sterben am liebsten abschaffen möchte, kommt vor lauter Anstrengungen darüber nicht mehr zu einem lebenswerten Leben.

Ein Blick auf den meditierenden Jesus könnte uns helfen, Ruhe in die Hast unserer Tage zu bringen, unsere Angst loszulassen, denn mit ihr allein werden wir unsere weitere Existenz auf dieser Erde nicht sichern können.

Jesu Gleichnisse zeigen, wie aufmerksam und gründlich er seine Umwelt einschließlich aller Lebewesen und den Gesetzen der Natur beobachtet hat und wie sehr er sie liebte. Er wählte für seine Gleichnisse Alltagssituationen, nichts schien ihm zu banal, wenn es darum ging, den Menschen etwas von Dir und Deinem Reich zu veranschaulichen. Ich sehe darin nicht nur eine scharfe Beobachtungsgabe, sondern vor allem seine Liebe zu diesem so menschlichen Alltag. Er war für mein Empfinden ein wirklich lebenszugewandter Mensch, der das Leben um seiner selbst willen liebte. Die Erfahrung seiner Lebendigkeit und Lebenskraft konnte und wollte er nicht für sich behalten, er gönnte sie allen Menschen, wohl weil er davon ausging, daß Du dieses positive Lebensgefühl allen Menschen zugedacht hattest.

Es könnte also sein, daß sein Denken und Wirken nicht unbedingt durch eine Endzeiterwartung bestimmt wurde, sondern durch dieses tiefe Lebensgefühl, das ihn auch angesichts des Todes nicht verließ und das er allen Menschen zugänglich machen wollte.

Wenn Jesus sagt: »Das Reich Gottes ist mitten unter euch«, dann kann das auch ein Hinweis auf die in greifbarer Nähe liegenden Möglichkeiten und Hilfen für einen neuen Lebensplan sein. Dann ist unter Endzeit das Ende einer alten Ära zu verstehen, die von einem neuen Lebensmodell und -plan abgelöst werden sollte.

Es muß nicht sein, daß er über dieses irdische Dasein hinaus nichts erhoffte, aber er vertröstete niemanden mit dem Jenseits und verschob auch seine Erwartungen nicht dorthin. Seine Hilfe, sein Heilen trafen ins Hier und Jetzt, auf diese Weise baute er an Deinem Reich, das schon jetzt für alle greifbar und sichtbar werden sollte.

Von ihm können wir auch in unserer heutigen bedrohten Lage lernen, er weist uns einen Weg, um aus unserer Weltuntergangsstimmung herauszukommen.

Unser Ende können wir selbst bereiten

Wenn es wirklich wahr ist, daß Jesus gesagt hat: »Das Reich Gottes ist mitten unter euch«, dann ergeben sich für mein Bild von Dir keine Schwierigkeiten. Selbst wenn er diese Aussage nicht genau so gemacht hätte, würde ich seine Lebensweise als Hinweis auf das begreifen, was Dein Reich bedeuten könnte. Ich gehe davon aus, daß Du uns als gleichwertige Partner erdacht hast, die sich gegenseitig schätzen und lieben lernen. Die Vertreibung aus dem Paradies lag nicht in Deiner Absicht, Du wolltest es mit uns gemeinsam schaffen und teilen, ein Reich, in dem es keinen Stillstand gibt, so wie die Ewigkeit unendlich ist.

Wenn ich Dich als ein Wesen begreife, das sich einem Entwicklungsprozeß unterworfen hat, ja Entwicklung an sich ist, dann denke ich mir, daß Du den Verlauf Deiner Geschichte mit uns eben nicht von Anbeginn bis jetzt voraussehen konntest.

Man hat uns gelehrt, Du seiest allmächtig und allwissend. Ich halte diesen Glauben für falsch, für eine Irrlehre, die man uns über zweitausend Jahre lang weitergegeben hat und die damit fast unausrottbar geworden ist.

Natürlich weiß auch ich nicht, wie Du nun tatsächlich bist, aber eine Antwort auf diese Frage kann sich nur in meiner langsam in mir herangereiften

Vorstellung von Dir finden. Heute bin ich soweit, daß ich die Übernahme eines mir aufgesetzten Gottesbildes ablehne, und kann nur hoffen, daß Du mich auf meinem Weg zu Dir begleitest, zu meinem inneren Führer wirst. Ich begreife Dich als einen Gott, der nicht losgelöst von seiner Schöpfung lebt, sondern mitten in ihr wächst und darum in ihr auch zum Mitleiden verurteilt ist.

Das Verhältnis, das Du mit uns eingingst, war von Anfang an ein Risiko, aber ein unumgängliches, wenn es ein partnerschaftliches sein sollte, denn dieses war nur auf einer Basis von gegenseitiger Freiheit möglich. Auch wenn es sehr widersprüchlich klingt, ich halte Dich auf einer anderen als der mit uns verbundenen Ebene für allmächtig. Aber so, wie ich mir Deine Geschichte mit uns vorstelle, komme ich wieder zu dem Schluß, daß Du in der Beziehung zu uns Deine Allmacht zugunsten unserer Freiheit aufgegeben hast. Dein Allmachtsverzicht ist für mich das Risiko, das Du mit uns eingehen mußtest.

Vielleicht hast Du geahnt, welche Gefahren Dein Verhältnis zu uns in sich birgt, vielleicht aber haben auch erst Deine weiteren Erfahrungen mit uns Dich immer hellsichtiger gemacht.

Wenn ich auch davon ausgehe, daß Du hier in dieser Zeit auf Deine Macht uns gegenüber verzichtet hast, so glaube ich doch, daß Du Deinen Schöpfungsplan so angelegt hast, daß die Geschöpfe nicht ungestraft gegen die Grundprinzipien dieses Planes verstoßen können. Nicht Du brauchst Dir die Strafen auszudenken und sie uns dann aufzuerlegen, sondern der Kreislauf der Natur selbst konfrontiert uns mit den Folgen von Mißbrauch und Zerstörung. Die Naturgesetze würde ich als die Grundzüge Deines Schöpfungsplanes bezeichnen. In ihnen hast Du unserer Willkür Notbremsen mit auf den Weg gegeben.

Wenn der Mensch immer wieder in diese Gesetze eingreift oder sie ganz einfach mißachtet, dann begegnet er den Konsequenzen, die ihn warnend darauf hinweisen, daß es Grenzen für sein destruktives Handeln gibt. Ob es sich dabei um die Zerstörung unserer Umwelt oder unserer zwischenmenschlichen Beziehungen handelt, unser insgesamt liebloses Umgehen mit uns selbst und anderen Menschen oder anvertrauten Gütern, bleibt nicht folgenlos für uns.

Das gewaltsame Ende unseres irdischen Daseins werden wir ohne Zweifel uns selbst zu verdanken haben, dazu braucht es kein Dazutun Deinerseits. Ich kann auch nicht glauben, daß Du Deine Schöpfung selbst zugrunde richten würdest. Aber Deine Geschöpfe waren nicht in der Lage, in die ihnen übertragene Freiheit und Verantwortung hineinzuwachsen. Sie wollten auf ihre Weise stärker sein als Du und haben Dich in ihrem Machtkampf in gewissem Maße schon heute überrundet. Sie sind inzwischen imstande, etwas zu tun, was Du niemals gekonnt hättest, weil es, so wie ich es mir denke, vollkommen Deinem Wesen widerspricht. Die Menschheit will nicht nur sich selbst, sondern mit der gesamten Schöpfung auch den Schöpfer zerstören, um – wenn auch im Tode – Sieger zu bleiben.

Dies sind gewagte Gedanken, denn selbstverständlich sind derartige Tendenzen den Menschen nicht bewußt, und doch könnten sie der Wahrheit nahe kommen.

Viele Menschen mögen unsere Situation für ähnlich aussichtslos halten wie ich, sie kommen dann aber doch zu dem Ergebnis, daß letztendlich Du die Katastrophe – wie auch immer – in Bewegung setzen wirst, um dieses »sündige Geschlecht« mit der totalen Vernichtung zu bestrafen.

Ich verstehe Dich nicht als richtenden und strafenden Rächer, Deine Ohnmacht scheint mir in Jesu Tod versinnbildlicht. Ich glaube allerdings, daß diese Ohnmacht nur für Dein Bündnis mit uns in dieser Zeit gilt. Jesus wurde Dein Reich schon hier auf Erden sichtbar und erfahrbar, weil er Deine unmittelbare Nähe zu den Menschen bereits hier erlebte. Ich denke aber, daß er Dein Reich in seiner Vollendung auch nach dem Ende dieser Zeit erwartete, weil Du nicht nur die Zeit, sondern auch die Ewigkeit bist und uns beides geschenkt hast. Darum können die Geschöpfe letztlich doch nicht über den Schöpfer hinauswachsen, selbst wenn sie all ihre Mittel aufböten. Unsere Möglichkeiten sind an unsere Zeit gebunden, und mit ihnen sind wir heute in der Lage, diese Zeit zum Stillstand zu bringen, doch über die uns gegebene Zeit hinaus findet unsere Macht ihr Ende.

Das Gleichnis der Liebe

Ich denke mir, daß es Jesus nicht nur gelungen ist, Dein Wesen zu erfassen, sondern auch, gleichsam spiegelbildlich, sein eigenes. Diese Erfahrung mag ungeahnte Kräfte in ihm freigesetzt haben, ihm ging sozusagen ein Licht auf, und dieses Licht wurde sichtbar all denen, die ihre Augen und Herzen nicht verschlossen hielten. Seine beispielhafte Lebensweise verfehlte zwar nicht ihre Wirkung, aber sie war letztlich doch nicht in der Lage, alle Menschen zu verwandeln und somit einen Sieg über die dunkle Seite der menschlichen Seele zu erringen. Jeder, der sich auf ihn beruft, hat sich eine der eigenen Lebenssicht angepaßte Deutung des Evangeliums geschaffen. Diese Tatsache macht unsere Suche nach Dir so schwer.

Auch wenn ich nicht weiß, wie Dein Antlitz wirklich aussieht, so glaube ich doch im Blick auf Deinen Boten zu wissen, wie es nicht sein kann. Göttliches und menschliches Wesen vereinten sich in ihm zu einer fruchtbaren Ganzheit. Die Frucht dieser Vereinigung war seine gelebte Liebe, die kompromißlos bis zuletzt nach Erfüllung, nach immer neuer Vereinigung und damit nach Ausbreitung suchte.

Ich glaube, daß Deine Liebe die Vereinigung mit dem menschlichen Geschlecht braucht, um fruchtbar werden zu können. So wie wir Menschen unsere Fruchtbarkeit nur mit Hilfe unserer andersgeschlechtlichen Partner realisieren können, so brauchst auch Du unser Liebesverlangen nach Dir, damit geistige Frucht in dieser Welt entstehen kann.

Vielleicht ist unsere partnerzentrierte Liebe auch ein Sinnbild Deiner Liebe zu uns, Jesus verwendete im Gleichnis das Bild von Bräutigam und Braut, und es ist gut möglich, daß wir – wie bei vielen seiner Worte – den tieferen Sinn all seiner gewählten Bilder noch nicht erfaßt haben.

Wenn wir uns einem Partner zuwenden, uns ihm öffnen, dann kann diese Begegnung in vielerlei Hinsicht unser Leben verändern. Wir sichern einerseits durch unsere Fruchtbarkeit den Fortbestand der Menschheit und pflanzen andererseits unsere Erfahrungen und Einsichten fort, werden also auch geistig fruchtbar. Liebevolle menschliche Partnerschaft könnte ein Modell Deines Verhältnisses zu uns sein. Auch das, was wir als Liebesverlangen zum Partner erleben, könnte eine Parallele zu Deinem Liebesverlangen nach uns und unserem nach Dir sein.

Wenn wir einen Partner lieben, dann wünschen wir ihn so tief wie möglich zu ergründen. Wir suchen häufig seine Nähe, beschäftigen uns in unseren Gedanken überwiegend mit ihm, auch wenn er abwesend ist, und ersehnen die vollständige Vereinigung mit ihm. Unsere Liebe erscheint uns unsterblich, nur der Tod könnte uns voneinander trennen. Im Grunde kann unsere Liebe ihn aber nicht begreifen, hier erleben wir einen Hauch von Unsterblichkeit.

All diese Vergleiche erscheinen mir übertragbar auf unser Verhältnis zu Dir. So wie aber mein letzter Vergleich bei weitem nicht der Realität menschlicher Partnerbeziehungen entspricht, so findet auch Dein Verlangen nach unserer Hinwendung zu Dir nur wenig oder gar kein Echo.

So wie wir häufig unsere Partner zurechtstutzen wollen, versuchen wir es auch mit Dir. Oder wie wir gelernt haben, unsere Partner zu fürchten, so fürchten wir auch Dich, und wie wir uns oftmals die Liebe unseres Partners erst verdienen wollen, so meinen wir auch Deine Liebe erkaufen zu müssen. So wie uns häufig das volle Vertrauen zum Partner fehlt, so steht auch unser Vertrauen zu Dir auf schwachen Füßen. Liebe läßt sich nicht erzwingen. Wo immer der Versuch gewaltsam unternommen wird, da wächst die Angst.

Wir Menschen haben uns sicherlich zu unserem eigenen Nachteil weit von unserem Ursprung entfernt. Die uns verliehene Macht und Freiheit haben wir einerseits nicht ausgeschöpft, andererseits jedoch mißbraucht. Unser uns von Dir zugedachtes Wesen haben wir nicht erkannt und angenommen. Die hilfreichen Zeichen, die Du uns mit auf den Weg gegeben hast, haben wir nicht erkannt und Deinen Schöpfungsplan soweit mißachtet, daß wir uns heute am Rande des Abgrundes befinden. Deine Boten wurden in früherer, aber auch in neuerer Zeit von den Menschen vernichtet.

Das wäre die traurige Bilanz, die Du im Blick auf uns und die ganze Schöpfung ziehen könntest. Der

Schmerz menschlicher Trauer ist mir bekannt, nun frage ich mich, wie unermeßlich groß Deine Trauer sein mag, die ja alle Lebewesen einschließlich der bedrohten und schon zerstörten Natur umfaßt. Mein Vorstellungsvermögen reicht sicherlich nicht aus, ein derartiges Ausmaß an Schmerz und Trauer zu erfassen. Nicht nur in Jesus wurdest auch Du ans Kreuz geschlagen; wie oft Du in vielen anderen Menschen mitgestorben bist, ist mit unseren Zahlen nicht mehr auszudrücken.

Doch selbst auf unserer bereits schon jetzt so zerstörten Erde ist die Liebe noch nicht vollends gestorben, darum hoffe ich, daß auch Du uns noch nicht verlassen hast und gerade im Sterben uns besonders nahe bist.

Ich weiß nicht, ob Jesus von Dir ein machtvolles Eingreifen in die menschlichen Geschicke erwartete, auf jeden Fall wurde an seiner Person deutlich, welche Macht der Mensch über sich selbst gewinnen kann, wenn sie im Glauben gründet. Er setzte seine freigewordenen Kräfte einzig und allein in positiver Weise ein, er mißbrauchte sie niemals.

Ich gehe nicht davon aus, daß Du unmittelbar in das Rad der Geschichte eingreifst, glaube aber auch nicht, daß wir gar nichts von Dir zu erwarten haben. Wenn ich dabei an meine Lebensgeschichte denke, dann bin ich mir bei vielen Begebenheiten Deiner indirekten Hilfe bewußt geworden. Es gibt Geschehnisse, bei denen wir von Fügungen des Himmels sprechen, und auch ich würde sie in einem weiteren Rahmen als solche bezeichnen.

So wie Jesus sich Deiner hilfreichen Nähe bewußt wurde, so, meine ich, könnte jeder auf Dich ausgerichtete Mensch sich ganz in Deinen Heilsplan stellen. In diesem Plan fügt sich eins ans andere, nichts ist bedeutungslos, nichts sinnlos. Soweit wir uns nicht aus ihm entfernen, bist auch Du in unmittelbarer Nähe, reiht sich ungehindert Fügung an Fügung. Wenn wir Dir auf diese, ich möchte fast sagen, hautnahe Weise begegnen, dann können wir auch heute noch Zeichen und Wunder erleben.

Nach meinen Erfahrungen wird uns jedoch selbst dann, wenn wir uns als Beschenkte erfahren, niemals einfach die Arbeit an uns und mit anderen abgenommen. Ich komme mir oftmals als beschenkter Mensch vor, doch dieses Gefühl hat meistens eine arbeitsreiche Vorgeschichte.

Menschen, die Dich in ihren Lebensprozeß einbezogen haben, können sich darauf verlassen, daß Du darin die Funktion des Verteidigers einnimmst. In meiner Vorstellung von Dir hat hier ein Rollentausch stattgefunden. Nicht Du richtest über unsere Schuld, wir selbst haben das Richteramt übernommen, doch ein guter Verteidiger kann auch zum hilfreichen Tröster werden.

Es wäre für so manchen Menschen in schweren Zeiten eine große Hilfe, wenn er Deine Funktion derartig begreifen könnte und bei jedem Verschulden und Versagen davon ausginge, daß Du mit ihm trauerst, daß Du nie Ankläger und Richter warst.

So verstehe ich Deine Beziehung zu uns, doch mein Verständnis widerspricht dem üblichen ganz wesentlich; nach diesem wärst Du Ankläger, Richter und Rächer in einem, da hat man Jesus zum Verteidiger gemacht. Daß Jesus die Anwaltsfunktion einnehmen soll, ist in diesem Denksystem durchaus sinnvoll. Ich kann aber diese Vorstellung nicht übernehmen, weil ich glaube, daß Du als Schöpfer Deine Schöpfung liebst und so notwendigerweise immer ihr Verteidiger sein und bleiben wirst.

Leiden ist nicht »gottgewollt«

Wenn ich daran denke, wie wunderbar Du jede einzelne Blume, jeden kleinen Käfer, jedes Gezwitscher eines Vogels, wie unvergleichlich Du jedes einzelne Menschenkind sein läßt, dann ist für mich Deine große Liebe zu allem Erschaffenen bis ins kleinste Detail unübersehbar. Ich könnte an dieser Stelle mit großer Hingabe und Begeisterung die Schönheiten der Natur noch seitenweise schildern, weil ich diese unglaubliche Vielfalt so sehr liebe. Auch in diesem Moment lausche ich nebenbei dem Frühlingsgezwitscher der Vögel in der Abenddämmerung, sie wollen in verführerischer Weise meine Sinne auf das Schöne lenken, aber so wie die Nacht das Tageslicht verdrängt, so gibt es auch bei meinen Betrachtungen nicht nur Lichtseiten.

Es umgibt uns nicht nur vollendete Schönheit in allen Bereichen – selbst die Natur ist schon weitgehend zerstört –, auch unter uns Menschen gibt es Bevorzugte und Benachteiligte. Nicht wenige unter uns müssen sich mit erheblichen Behinderungen oder auch Verunstaltungen durchs Leben plagen. Sie könnten aus ihrer traurigen Lebenserfahrung heraus die Frage an Dich richten, ob Du bei ihrer Erschaffung nicht aufgepaßt hast, ob Du bei der Blume am Wegesrand mehr Sorgfalt hast walten lassen. Mein Wissen um die unübersehbaren Schattenseiten des Lebens lenkt meinen Blick weg von all der noch spürbaren Harmonie in der Natur. Auf die Frage, warum eine Reihe von Menschen von Anfang an gezwungen sind, ungünstige Lebensbedingungen zu akzeptieren, während andere viel bessere Startchancen erhalten, werde auch ich keine zufriedenstellende Antwort finden. Diese Frage wirft das Problem unverschuldeten menschlichen Leidens auf, vor dem wir alle ratlos kapitulieren müssen.

Ich gehe in meiner Vorstellung davon aus, daß zu Beginn Deiner Geschichte mit uns Deine Schöpfung und ihre Geschöpfe unverletzt waren. Auch wenn mir im Rückblick die menschliche Geschichte wie eine einzige Kette von wachsender Unvernunft und daraus folgender Zerstörung erscheint, glaube ich dennoch, daß diese erschreckende Realität nie in Deinem Plan und Willen lag. Ich kann nicht glauben, daß Du der Erfinder all unserer Gebrechen und Beeinträchtigungen bist. So wie ich davon ausgehe, daß es in Deinem ewigen Reich keine benachteiligten Geschöpfe mehr geben wird, so glaube ich auch, daß Du das Leid nicht einfach dem einen zugedacht hast, während Du mit einem anderen wieder gnädiger verfahren bist. Dieses entstandene oder auch gewachsene Leid muß seine Ursache in einem Verstoß gegen die Gesetze der Natur – gegen Deinen Heilsplan – haben.

Solange die Menschen Dich als allmächtigen und in ihre Geschicke eingreifenden Gott ansehen, so lange werden sie auch mit Dir hadern, denn dann wirst Du zum Verhänger des Schicksals, der willkürlich das Leid auf der Erde verteilt. Dann benötigen sie auch eine Glorifizierung des Leidens, andernfalls müßten sie sich gegen Dich auflehnen. Das aber haben nur wenige gewagt, den meisten Menschen ist es niemals gestattet worden, sich aufzulehnen, sie wagen es nicht einmal ihren Eltern gegenüber, geschweige denn gegen Dich.

Es gibt jedoch eine Reihe von Gebrechen, bei denen Auflehnung nichts hilft. Wer seine Arme und Beine verloren hat, dem werden sie nicht auf wundersame Weise nachwachsen. Suchen derartig Betroffene Hilfe bei Dir, dann könnte es für sie sehr trostreich sein, wenn sie nicht Dich als den Urheber ihres unabwendbaren Schicksals ansähen, und diese neue Sicht scheint mir eine Möglichkeit zu einem Ausbrechen aus dem Leidenskreislauf zu sein, selbst wenn es sich um großes Leid handelt.

Dich als mitleidenden Partner zu erfahren bedeutete aber auch, jegliche Auflehnung gegen Dich aufzugeben, da sie sinnlos wäre, hingegen bestünde eine gute Chance, ein unabänderliches Schicksal anzunehmen oder im günstigeren Falle nach Wegen zu suchen, um es abzuändern.

Jesus stellte um Heilung Bittenden gelegentlich die Frage: »Willst du gesund werden?« Eine derartige Frage mutet paradox, wenn nicht gar ungehörig an. Nachdem die Christenheit im Verlauf ihrer Geschichte die Verherrlichung des Leidens ständig propagiert hat, wundert es nicht, wenn viele Menschen mit Ausdauer und Hingabe ihre Krankheiten und Gebrechen hegen und pflegen. Sinnfindung durch Leidenserfahrung ist nach meiner Beobachtung weit verbreitet. Schon in früheren Zeiten haben die Menschen aus ihren Gebrechen offenbar Vorteile gezogen, so wundert es im Grunde nicht, wenn Jesus in seiner hellsichtigen Art diese vordergründig unangemessen anmutende Frage stellte. Die Betroffenen waren damals wie auch heute mit dieser Frage vor eine wichtige Entscheidung gestellt. Wer wirklich gesunden will, der muß auch bereit sein, auf den Nutzen oder die Vorteile des Krankseins zu verzichten. Solange Krankheiten eine wesentliche Funktion im Leben eines Menschen haben, wird er sie nicht ohne weiteres aufgeben wollen.

Vielleicht ist hier ein weiterer Grund zu finden, warum so viele Menschen widerspruchslos dem alten Gottesbild anhängen. Es zwingst sie nicht, ihre Leidenssucht in Frage zu stellen.

Warum Jesus der glücklichste Mensch war

Immer wieder stelle ich fest, wie unmöglich diese Arbeit im Grunde ist, andererseits erscheint sie mir dringend notwendig zu sein, wenn ich nicht in nur flüchtigen Gedanken steckenbleiben will. Doch mag es sich hierbei nur um scheinbare Gegensätze handeln. In jeder Liebesbeziehung gibt es so einen Gegensatz, und darum möchte ich sie als Bild für meine weiteren Überlegungen verwenden.

Wenn zwei Menschen in einer Beziehung leben, die den Namen Liebesbeziehung verdient, dann wird es immer zwei Arten von Erfahrung geben.

Im neugierigen Aufeinanderzugehen entsteht ein völlig neues Lebensgefühl, das uns überschwemmt, uns grenzenlos erscheint. Wir sehen uns im anderen wie in einem Spiegel, er soll helfen, unser eigenes Bild zu entschleiern. Natürlich erwarten wir, daß unsere Einmaligkeit genau erkannt und entsprechend gewürdigt wird. In dieser ersten Phase der Begegnung können wir unter günstigen Umständen sehr glückliche Momente erleben. Es ist eine Erfahrung, die einem Rausch ähnelt und zudem einem spannenden Spiel gleicht, bei dem viele Menschen um der ständigen Spannung willen ihr ganzes Leben lang verbleiben, aber sie bleiben dann bei sich selbst, statt den anderen zu lieben.

Die Vielzahl der so isolierten und im Grunde vom Partner abgeschnittenen Menschen könnte man mit vereinzelt stehenden Brunnenröhren vergleichen, die ihr Wasser niemals vereinen können. Ihr auf sich selbst gerichteter Blick trennt sie voneinander.

Unter glücklicheren Bedingungen können wir erkennen, daß wir nur uns selbst gesucht und dabei das Wesen des anderen überhaupt nicht wahrgenommen haben. Das ist eine schmerzhafte Erkenntnis, die uns unsere eigenen Grenzen und das Abgetrenntsein vom Partner in bedrückender Weise vor Augen führt. Wenn es zu einer wirklichen Vereinigung kommen soll, dann müssen wir uns für eine Weile von unserem eigenen Spiegelbild lösen und unseren Blick ganz auf den anderen richten, um ihn angemessen wahrnehmen zu können. Dieser Prozeß gelingt demjenigen am besten, der die erste Phase voll auskosten und sich darum an sich selbst »sattsehen« konnte.

Das Erkennen des Partners umfaßt auch die Wahrnehmung seiner Verletzungen und der damit verbundenen Begrenztheiten. Wenn wir dabei gründlich vorgehen, haben wir die Chance, wiederum wie in einem Spiegelbild unsere eigenen Risse und Sprünge in dem ehemals so glatten Bild zu bemerken. Wer sich dem aussetzt, dem kommt sehr wahrscheinlich das Glück erst einmal abhanden, denn dabei stellen sich unweigerlich leidvolle Gefühle ein. Aber im Erkennen der eigenen Verletzungen und derer des anderen kann die Bereitschaft zur Selbstannahme und damit verbunden die vorbehaltslose Annahme des anderen wachsen.

Für diese Entwicklung braucht jeder individuell unterschiedlich viel Zeit – oder kommt auch niemals zu einem Abschluß –, und sie ist immer schmerzhaft, da sie eine Lösung von Wunschbildern erforderlich macht. Erst mit der wachsenden Bereitschaft, sich gegenseitig so anzunehmen, wie man sich mit wachem Bewußtsein wahrgenommen hat, besteht die Möglichkeit zur ersten wirklichen Vereinigung, deren Frucht die Liebe in ihrem tiefsten Sinne reifen läßt.

Auch Jesus wird zu irgendeinem Zeitpunkt seines Lebens, spätestens aber vor seinem öffentlichen Auftreten und Wirken sein Spiegelbild gesucht haben.

Vielleicht haben auch ihm andere Menschen als Brunnen gedient. Darüber hinaus muß aber noch einiges mehr geschehen sein. Er suchte sein Glück nicht allein in einer üblichen Zweierbeziehung, seine Suche reichte in eine Tiefe, die den Rahmen normaler Erfahrungen sprengte.

Ich kann nur ahnen, welche Einsichten er in seiner Wüsteneinsamkeit gewonnen haben mag, denn er hat keinerlei Aufzeichnungen über seine Selbsterfahrung hinterlassen, so wie es heute üblich geworden ist. So bleiben mir nur meine Phantasie und die Beschreibungen in den Evangelien. Auf der Suche nach seinem Spiegelbild mag er erfahren haben, daß ein einzelner Mensch allein sein Bild nur ungenau und eingeschränkt wiedergeben kann, da kein Mensch etwas über seine eigene Begrenztheit hinaus widerspiegeln kann. Es ist und bleibt eine Brunnenperspektive, solange nicht etwas anderes hinzukommt, was diese enge Röhrenform weitet. An dieser Perspektive ist lediglich die Tiefe reizvoll, die Enge aber bleibt und hält den Suchenden gefangen.

Anders ausgedrückt könnte ich sagen, Jesus benötigte mehr Raum für seine Selbsterfahrung, er suchte die Tiefe, aber auch die Weite des Meeres. Er suchte Dich, um zu sich selbst zu finden. Und ich möchte behaupten, daß seine Suche sichtbaren Erfolg hatte, der bis heute nachwirkt.

Du warst sein Spiegel, und sein Glück muß unvorstellbar gewesen sein, als er sich in Dir erkannte. Die sich ihm auftuende Schönheit muß ihn überwältigt haben, und ich denke mir, daß er sich voller Freude an sich selbst sattsehen durfte. Sein und Dein Bild wurden eins, verschmolzen ineinander, trennten sich wieder und fanden somit ihr Gegenüber.

Für dieses Geschehen reichen meine Worte nicht aus, sie können nur andeuten, was sich in dieser

Begegnung wirklich vollzogen haben mag. Vielleicht könnte man Jesu Erfahrung als Erleuchtung bezeichnen. Insofern nenne ich ihn den glücklichsten Menschen, den es je auf Erden gab. Seine Erfahrung mit Dir hat in seinem Leben dann ja auch nachweisbare Frucht getragen.

Es erscheint mir als sicher, daß das, was er von Dir erfaßte, bei ihm keinerlei Minderwertigkeitsgefühle auslöste, Deine alles umfassende Kraft und Größe hat sein Selbstbewußtsein nicht gemindert. So muß das, was er gesehen hat, wirklich Spiegelbildcharakter gehabt haben. Deine Größe zeigte ihm seine eigene, Deine Kraft offenbarte ihm seine brachliegenden Kräfte, Deine Schönheit ließ ihn die eigene erkennen. Am Ende dieser Schau muß seine Persönlichkeit die starke Ausstrahlungskraft gewonnen haben, die noch durch das Wort hindurch spürbar wird.

Nun heißt es aber, daß er vierzig Tage in der Wüste war, und das, was ich eben zu umschreiben versuchte, wird sich nicht gleich am ersten Tag eingestellt haben. Ich denke mir, daß es auf dieser Reise nach innen viele unterschiedliche Stationen gegeben haben wird, die ihn auch mit seinem Schatten konfrontierten. Jeder Mensch hat seinen Schatten, und ich gehe davon aus, daß Jesus ein Mensch war und kein Gespenst. Auch seine dunklen Seiten wird er angenommen und somit für sich erhellt haben. Sie werden seine Reisestationen gewesen sein, an denen er haltmachen mußte, denn sonst wäre er niemals zu dieser umfassend integrierten Persönlichkeit geworden, die uns heute noch erstaunt. Wie auch immer es gewesen sein mag, er kam auf dieser Reise zum Mittelpunkt, Du warst das Zentrum. Ob er Dich dabei ganz bildhaft als Gegenüber sah? Vielleicht, denn ich glaube, daß Du ihm zum Ansprechpartner wurdest.

Im Alten Testament wirst Du als derjenige

beschrieben, den kein Mensch je sehen darf, ohne daß er gleichzeitig vergehen müßte. Aber wer sagt uns denn, ob diese Vorstellung von Dir nicht eine völlig unausgereifte, den Angstvorstellungen der Menschen angepaßte ist? Solange wir derartigen Bildern verhaftet bleiben und uns nicht um einen neuen Zugang zu Dir bemühen, so lange werden wir wohl auch nicht glauben können, daß Du Dich uns zeigen kannst und willst.

Die Erfahrung, die Jesus mit Dir machte, kann nicht angstbesetzt gewesen sein. So wie ich ihn verstehe, empfand er vor Dir keinerlei Furcht oder Hemmungen, er ging unvermittelt und selbstverständlich mit Dir um. Er mußte bei Deinem Anblick nicht vergehen, sondern ging gestärkt mit neuer Kraft an seine erkannte Aufgabe heran.

Alle Gläubigen, die Jesus als Deinen geistigen Sohn verstehen, gehen davon aus, daß er von Dir nichts zu befürchten hatte. Ich glaube aber, daß er ein Mensch war, und zwar ganz und gar Mensch, gemäß unserem eigentlichen Auftrag. Dieser liegt meinem Verständnis nach darin, Menschsein in seinem ursprünglichen Sinne zu verwirklichen. Er erlebte Dich nicht als Ankläger, Richter und Rächer, sondern als annehmendes, ermutigendes und gesprächsbereites Gegenüber. Gott und Mensch haben ein gemeinsames Ziel, und es ist Dein Wunsch, diese gemeinsame Basis zwischen Schöpfer und Geschöpf wiederherzustellen.

Wenn dieses seine wesentlichen Erfahrungen waren, dann wundert es mich nicht, daß er voller Vitalität daran ging, diese ursprüngliche Grundlage wiederherzustellen. Da Jesus vor Dir — dem doch so gefürchteten Gott seiner Väter — keine Angst mehr haben mußte, konnte er erst recht die Angst vor den Menschen verlieren. Er mag erkannt haben, daß wir nicht in Unmündigkeit auf kindlicher Stufe verharren sollen, Du willst unser Wachstum, wir sollen essen vom Baum der Erkenntnis, um die Wahrheit zu finden.

Seine Fähigkeit, Menschen so anzunehmen, wie sie sind, illusionslos zwar, aber doch voller Wärme und Anteilnahme, verwundert mich nicht, wenn ich davon ausgehe, daß er sich von Dir angenommen wußte. Wer sich geliebt und bestätigt weiß, der kann nicht still im Winkel bleiben, der kann sein Licht nicht unter den Scheffel stellen, es würde an allen Seiten hervorquellen, wollte man es beschränken. Und so gab es auch für ihn kein Zurück, er mußte sich selbst verwirklichen, denn zentrale Erfahrungen dieser Art verändern das Leben ganz grundsätzlich.

Das hatte zur Folge, daß er sich auf den Weg machte und die Menschen zur Umkehr im tiefsten Sinne dieses Wortes aufrief. Er wollte sein Glücksempfinden mit anderen teilen, wollte ihnen zu ihrer Bestimmung verhelfen. Und dies nicht erst im Jenseits, sondern bereits hier auf Erden. Sein Glück war für ihn ganz sicher ein Stück Himmelreich, das ihn schon in dieser Zeit erfüllte. Eine alles überwältigende Erfahrung, die ihm zu der Erkenntnis verhalf: »Das Reich Gottes ist bereits hier in euch.« Die Erfahrung, daß Du Dich mit uns vereinen willst, daß Dein Reich im Hier und Jetzt für jeden Menschen beginnen kann, daß kein Gericht, keine Abrechnung zu befürchten ist, sondern Umkehr und Neubeginn auf der Stelle möglich werden, diese Erfahrung hat Jesus nach meiner Ansicht gemacht, und an ihr sollten alle Menschen ohne Ausnahme teilhaben dürfen.

Ein allmächtiger Gott wäre ein Sadist

Jesus war nüchtern im Blick auf uns Menschen

Jesus wollte den Menschen seine Einsichten zugänglich machen, doch die Geschichte beweist, daß er sein Ziel nicht erreichte. Aber sie beweist auch, daß die Menschheit nach seinem Erscheinen und Wirken nicht mehr in der Lage war, diese neu an sie gerichteten Hinweise auf ihre wahre Bestimmung einfach wieder zu vergessen, obwohl sie größtenteils bis auf den heutigen Tag so lebt, als hätte es seinen Ruf zur Umkehr nie gegeben. Dieser Aufruf ist nicht so leicht zu verdrängen, weil er uns an etwas erinnert, was wir insgeheim noch wissen, aber nicht mehr recht wahrhaben wollen.

Bei vielen Menschen hat man den Eindruck, als sei nicht einmal ein Rest an Erinnerung verblieben, so daß auch kein Anruf in ihnen etwas zu beleben vermag. Es scheint, als sei alles ausgelöscht. Wenn ich nur bedenke, zu welchen Taten Menschen fähig waren, ob sie als Wächter in Konzentrationslagern fungierten oder heute noch Folterknechte sind, so bedarf es keiner weiteren Erklärungen, um zu verdeutlichen, wie gründlich ein Mensch bei lebendigem Leibe zu sterben vermag.

Wirklich lebendig sind wir wohl nur zu Beginn unseres Erdendaseins, solange wir noch Kinder sind. Kinder haben uns ein Stück echten Empfindens voraus, ihre Erinnerung an das, was sein sollte und könnte, halte ich noch für am weitesten entwickelt, und vielleicht ist es auch genau dieses Wissen, das uns so sehr bezaubert, ein Zauber, wie er von Jesus ausging. Sein Wort: »Wenn ihr nicht werdet wie die Kinder . . .« scheint mir in diesem Zusammenhang bedeutungsvoll zu sein. Doch wir entzaubern die

Welt der Kinder, gönnen ihnen ihr geheimes Wissen nicht, und so wird mit aller Kraft daran gearbeitet, ihre Erinnerung zu verdrängen und damit gleichzeitig einen Entwicklungsstillstand herbeizuführen. Für meine Begriffe ist auf diesem Feld so gründlich gearbeitet worden, daß nur noch wenig Hoffnung auf eine Umkehr bleibt.

Ich glaube, Jesus lebte nicht in der Illusion, alle Menschen würden sich in gleicher Weise von seiner Botschaft ansprechen lassen. Er verkannte durchaus, daß nicht alle mit der gleichen Bereitschaft seinem Anruf folgten, auch wenn seine Gefolgschaft wahrscheinlich recht groß war. Diejenigen, die sich seiner Botschaft öffneten, blieben jedoch nach der Begegnung allein oder auch in Gemeinschaft den Anforderungen des Alltags überlassen. Sie mochten durch ihn ihre Gesundheit wiedergewonnen haben und standen vielleicht noch eine Weile unter dem Bann dieses eindrucksvollen Erlebnisses, aber Jesu Gleichnis von dem vielfältigen Acker, der nicht überall gleiche Frucht hervorbringt, zeigt sehr deutlich, wie realistisch er die Entwicklungsbereitschaft der Menschen einschätzte.

Ich denke mir, daß Jesus aufgrund seines ausgeprägten Wirklichkeitssinnes bei aller Fähigkeit, das Leid anderer Menschen wahrzunehmen und sich darauf einzulassen, auch in der Lage war, eine gesunde Distanz zu wahren. Er erzählt das eben genannte Gleichnis mit großer Selbstverständlichkeit im Blick auf die jeweils vorhandenen oder auch nicht vorhandenen Möglichkeiten des einzelnen. Die im Gleichnis verwendeten Naturgegebenheiten weisen ganz realitätsgerecht darauf hin, daß dort, wo sich ein steiniger Boden gebildet hat, eben kaum noch oder auch gar kein Wachstum mehr möglich ist. Das ist zwar eine traurige Tatsache, doch Jesus nennt sie ohne Beschönigung. Damit veranschaulicht er, daß es Menschen gibt, deren Aufnahmefähigkeit gänzlich zerstört sein kann.

Jesus spricht sachlich über diese Gegebenheiten, trifft dabei jedoch keinerlei Auslese, sondern richtet seinen Anruf zur Umkehr an alle, die in Hörweite sind, denn die Möglichkeit, daß die Saat doch noch an ganz unerwarteten Stellen aufgehen kann, besteht durchaus, wenn auch wohl nur in Ausnahmefällen. Selbst in unseren städtischen Steinwüsten finden wir mitunter überraschendes Grün, das aus den Steinritzen hervordrängt.

Jesus überläßt es dem Wort, das er den Menschen überbringt, ob es sich durchsetzen wird oder nicht, denn sein Weg geht weiter, er kann nicht beim einzelnen bleiben und ihn ständig stützen. Da er zu selbstverantwortlichem Handeln aufruft, ist es wohl auch nie seine Absicht, den Angesprochenen die notwendige Wachstumsarbeit abzunehmen. Seine nüchterne Einschätzung und die daraus resultierende Distanz, die er bei aller Zuwendung den Menschen gegenüber einnehmen konnte, ist auch für uns ein lehrreicher Aspekt. Er kann uns vor übereifrigem Engagement bewahren, macht uns aber gleichzeitig deutlich, daß wir keinerlei Berechtigung zu irgendeinem Ausleseverfahren haben.

Ich denke, wir können grundsätzlich davon ausgehen, daß Du das Heil allen Menschen zuteil werden lassen willst, und die Weitergabe dieser frohen Botschaft schulden wir allen Menschen gleichermaßen. Wie der Boden beschaffen ist, auf dem die Saat ausgeworfen wird, entzieht sich unserer Kenntnis. Durch das Gleichnis vom Sämann werden wir ermuntert, uns über das Aufgehen der Saat nicht den Kopf zu zerbrechen, sie geht für uns unsichtbar oftmals trotz allem auf.

Aus Jesu Gleichnissen wird mir neben seinem Einsatz für die Menschen auch seine ruhige Gelassenheit im Blick auf eine mögliche Ablehnung seiner Botschaft ersichtlich. Er versucht niemanden mit Gewalt zu bekehren, sein Anruf weist allerdings auf die Notwendigkeit zur Umkehr mit eindringlicher Schärfe hin. Und dieser Anruf richtet sich an alle Menschen.

Schicksal oder »unerforschlicher Ratschluß«?

Jesu Ausspruch: »Sorgt euch nicht um den nächsten Tag, es ist genug, daß jeder einzelne Tag seine Mühe und Plage hat« begleitet mich schon viele Jahre. Er lebte nach seinen eigenen Worten; Reden und Handeln fielen bei ihm nicht auseinander.

So wie er sich einerseits liebevoll um die Menschen sorgte und sie von ihren vielfältigen Krankheiten und Plagen befreite, so unbekümmert konnte er andererseits alle Sorge um sie loslassen und darauf verweisen, daß wir nicht auf alle Geschehnisse verändernd oder beschleunigend einwirken können. Aus dieser offen gezeigten Unbekümmertheit spricht sein großes Vertrauen auf den natürlichen Ablauf der Dinge. Wir finden bei ihm keine krampfhaften Bemühungen, er sieht sich auch nicht dazu verpflichtet, jedermann ohne Ausnahme Trost und Hilfe zu spenden. Es hat auch Menschen gegeben, die traurig von ihm fortgingen, weil sie seinem Rat nicht folgen wollten oder konnten, zum Beispiel der reiche Jüngling.

Er wird gewußt haben, daß viele Menschen ihren Gebrechen treu bleiben wollen, weil ohne sie ein Teil ihrer Macht verlorenginge, auch wenn diese

Macht oftmals in der Maske der Ohnmacht daherkommt. Er kannte auch diejenigen, die an ihrem Geld und Besitz mit ganzer Seele hängen. Er konstatierte in einfacher, aber treffender Weise, wie weit sich Menschen von ihrem eigentlichen Wesen entfernen können und dann möglicherweise auch nicht mehr bereit sind, den eingeschlagenen Weg zu verlassen, selbst wenn er sich als heillos erweist. Verhärtete Herzen erliegen seiner Ausstrahlung offenbar nicht, und diesen Tatbestand nahm er als gegeben hin. Seine Erkenntnisse bewahrten ihn vor übermäßigem Kraftaufwand, sie erlaubtem ihm, unnützes Sorgen loszulassen.

Nach seinem Vorbild könnten auch wir zwar für Hilfsbedürftige sorgen, jedoch angst- und illusionslos weiteren Entwicklungen entgegensehen. Gerade dort, wo Menschen ein endgültiges Schicksal getroffen hat, wo es keine Heilung an Leib und Seele geben kann, da wäre das Loslassen aller Sorge – ein Stück von Jesu Unbekümmertheit – ganz besonders nötig. Ein Mensch, der schwer krank ist, hat, solange sein Geist noch klar ist, immerhin die Chance, sich glaubend auf Dich einzulassen. Auch wenn eine Heilung des Körpers nicht mehr möglich ist, könnte doch seine Seele gesunden, wenn sie das Unausweichliche annimmt. Dann könnte das Leben auch in einem zerstörten Körper noch ein menschenwürdiges sein.

Zu einem derartigen Schritt gehört allerdings der Glaube an einen uns bedingungslos liebenden und nicht an einen allmächtigen Gott, der aus uns unerfindlichen Gründen seine Hilfe verweigert. Die Vorstellung, Du seist allmächtig, könnte uns den Zugang zu Dir versperren, denn die quälende Frage, warum Du gerade diesem Menschen ein so aussichtsloses Schicksal zugedacht hast, wird ohne Antwort bleiben müssen.

Ein Glaube, bei dem ich vor einem allmächtigen und mir unerklärlichen Gott meinen Kopf einziehen muß, weil er am längeren Hebel sitzt und ich eigentlich ein Nichts bin, dem er auch noch ein untragbares Schicksal auferlegen kann, ein derartiger Glaube kann keine befreiende Wirkung ausüben, hier ist nur noch die Übernahme der Knechtsrolle möglich. Meinem Verständnis nach begriff Jesus Dich nicht im Sinne dieser alten Überlieferung, die uns einen Gott präsentiert, dessen unerfindliche Ratschlüsse doch nur Angst hervorrufen können. Schon die Furcht vor den von Dir möglicherweise zu erwartenden Züchtigungen schmälert bereits die Freuden und den Genuß einer noch sorgenfreien Gegenwart. Dieses Gottesbild trägt bedrohliche Züge, und ganz unbewußt und unausgesprochen lebt es in den meisten Menschen fort, auch wenn sie der Meinung sind, Du seist kein Thema mehr für sie. Das Bild eines launischen Gottes, der mit dem menschlichen Leben willkürlich verfährt, steht hinter solchen Ängsten, denn was heißt eigentlich Schicksal?

Das Schicksal ist für Menschen, die von sich glauben, Du hättest für sie keine Bedeutung mehr, zu einem undefinierbaren Begriff geworden. In früheren Zeiten wurde es mit Deinem Willen gleichgesetzt, und unbewußt lebt diese Annahme auch heute noch in vielen Menschen fort.

An dieser Stelle möchte ich noch einmal der Frage nachgehen, inwieweit es ein zwar nicht direktes, aber doch indirektes Einwirken Deinerseits in unsere Geschichte gibt.

Hast Du gar nichts damit zu tun, wenn jemand von Geburt an behindert sein Leben verbringen muß? Wenn jemand mitten in einem bisher gesunden Leben schwer verunglückt und nun vielleicht für den Rest seines Lebens an den Rollstuhl oder das Bett gefesselt ist? Derlei tragische Ereignisse im menschlichen Leben, die oftmals wie ein Unwetter hereinbrechen und nicht selten kaum mehr reparierbare Schäden hinterlassen, werfen immer wieder die Frage auf, inwieweit sie Deinem Willen entsprechen.

Von Menschen, die mit ihrem Geschick hadern, habe ich oft den Satz gehört: »Es kann keinen Gott geben, der das alles zuläßt.« Nach den blutigen Erfahrungen der letzten Kriege oder auch angesichts all der furchtbaren Ereignisse in unseren Tagen mögen viele Menschen zu dieser resignierten Feststellung gekommen sein. Doch die Aussage zerfällt – wenn man genau hinhört – in zwei Teile und ist zudem auf eine merkwürdige Art widersprüchlich. Der erste Teil des Satzes sagt aus: Es *gibt* keinen Gott. Im zweiten Teil des Satzes wird festgestellt, daß es angesichts der sich ständig ereignenden, vielfältigen Zerstörung keinen Gott geben *kann*, denn sonst würde er doch all die Entsetzlichkeiten nicht zulassen.

Einen Gott, der das unbegreifliche Ausmaß von Not und Zerstörung in dieser Welt will und es darum geschehen läßt, den gibt es nach meiner Vorstellung gewiß nicht; und sollte es ihn geben, dann könnte ich auf ihn verzichten, diesen Gott würde ich verfluchen, weil er viel weniger Mitleid zeigte, als selbst wir kranken Menschen füreinander aufbringen. Er wäre eine einzige Schreckensvision, finster und völlig unverständlich. Wenn er wirklich derartig willkürlich mit seiner Schöpfung umginge, dann müßten wir vor Angst erstarren, denn wer weiß, was einem solchen Despoten sonst noch alles zuzutrauen ist?

Auch der erbärmlichste Mensch hätte mehr Herzenswärme aufzubieten als dieses entsetzliche Wesen, in dessen Hand wir zu Spielbällen reduziert wären.

Dieser Gott wäre ein Ungeheuer, ein Monster

schlimmster Art, und ich würde eher schauen, wie ich mich vor ihm verbergen könnte, statt ihn zu suchen. Den meisten Menschen, die an einen allmächtigen Gott glauben, mangelt es nach meiner Ansicht an Phantasie, denn sie machen sich einfach nicht bewußt, was ihr Glaube im Klartext bedeutet. Er läuft doch unvermeidlich auf dieses monströse Wesen hinaus. Welch unermeßliches Leid hätte es in der Geschichte der Menschheit bereits bewirkt?

Der weit verbreitete Glaube an einen allmächtigen Gott schließt die Augen vor den logischen Schlußfolgerungen. Denn wenn Gott wirklich allmächtig wäre, dann könnte er auch eingreifen. Da er dieses aber offenbar nicht tut, ist es ihm wohl ganz recht, wenn all das Unsagbare, das die Menschheit bisher erlitten hat, geschieht. Er sieht gelassen zu, wenn Menschen zu immer ausgefeilteren Foltermethoden greifen, wenn Kinder aufs entsetzlichste gequält werden und ihre Persönlichkeit bereits im Keim vernichtet wird. Ihm scheint es recht zu sein, wenn die Erde von Blut durchtränkt ist. Dieses Ungeheuer könnte dann auch mit eiskaltem Behagen der totalen atomaren Zerstörung seiner Schöpfung und der Geschöpfe entgegensehen, und vielleicht wäre dann sein mörderisches Vergnügen endlich gesättigt.

Der Glaube an einen allmächtigen Gott läßt — wenn man ihn einmal konsequent zu Ende denkt — keinen anderen Schluß zu. Wie viele Menschen aber wagen, soweit zu denken? Angenehmer ist den meisten Gläubigen die Vorstellung eines strafenden Vaters, mit ihr meinen sie das im Grunde völlig Unverständliche besser in den Griff zu bekommen.

Eigentlich müßte sich die Menschheit gegen einen derartigen Gott auflehnen, ihm den Kampf ansagen. Er hat sie einerseits erschaffen, andererseits spielt er ganz willkürlich mit ihrer Begrenztheit. Sie müssen die akrobatische Leistung vollbringen, sein grausames Tun oder Nichttun in ihre Vorstellung einzubauen, und sie wurden wirklich zu geistigen Akrobaten.

Angesichts der herkömmlichen Gottesvorstellung kann ich bei genauem Hinsehen nur zu dem Schluß kommen, daß dieses schreckliche Wesen die Schwäche und Unvollkommenheit seiner Geschöpfe in geschickter Weise zur Befriedigung seines Sadismus verwendet, sozusagen als Voyeur auf höherer Warte mit sadistischem Vergnügen diesem sich ständig wiederholenden Elendskreislauf zusieht.

Wer wirklich weiter denkt, kann auch mit dem strafenden Vatergott nicht mehr klarkommen, denn auch für diesen gäbe es doch wohl irgendwo eine Grenze. Und die Tatsache, daß es einer Reihe von Menschen scheinbar ganz gut geht, erklärt gar nichts, verschärft eher die Lage, läßt die Ungerechtigkeit nur um so leuchtender zutage treten: Hier der satte Wohlstandsbürger der westlichen Welt, dort der vor Hunger krepierende, von Fliegen besetzte Mensch unter der sengenden Sonne der Dritten Welt. Wer wollte da allen Ernstes von einem Vatergott sprechen? Auch nicht der schlechteste Menschenvater hat ein so hohes Schuldkonto wie dieses menschenfressende Ungeheuer, das sich in dieser Welt ein Theater eingerichtet hat und dem Schauspiel nun aus sicherer Ferne mit Behagen zusieht.

Es wird aber allen Ernstes in allen Kirchen bis auf den heutigen Tag vom allmächtigen, gnädigen, erbarmenden Gott gepredigt. Die Angst vor der Auflehnung gegen einen so offensichtlich ungerechten Gott schränkt aber die Geistesgegenwart der Verkündiger und der Gläubigen ein. Sie wagen nicht zu protestieren, haben es nie gelernt; lieber reden sie davon, daß Gott nun einmal Gott und darum mit unserer menschlichen Vernunft nicht faßbar sei. Das ist zwar keine

Erklärung, dafür aber eine sehr bequeme Feststellung, da sie keine weiteren Anstrengungen erforderlich macht.

Die Scheuklappen sitzen hervorragend, und die Angst vor einem derartig ungerechten Gott ist in tiefe Bewußtseinsschichten verdrängt worden.

Der Gott Israels konnte noch mit Widderbrandopfern gnädig gestimmt werden. Die Christen dagegen gingen einen entscheidenden Schritt weiter. Für sie mußte Jesus auf die Schlachtbank, Du warst jetzt angeblich nur noch mit Menschenblut zu besänftigen, und dabei gabst Du Dich keineswegs nur mit irgendeinem Opfer zufrieden, Dein Zorn soll so groß gewesen sein, daß nur noch das Blut Deines eigenen geliebten Sohnes Dich zu versöhnen vermochte. Jesus wurde zum Messias erhoben, Sohn Gottes, der für die Sünden der ganzen Welt sterben mußte.

So hat man es uns gelehrt, und diese Theorie hat ihren Preis. Danach bekamst Du zwar das Blut Deines Sohnes, die Menschen dafür aber auf ewig ein schlechtes Gewissen, denn sie müssen nun mit der Tatsache leben, daß sie das Leben des Gottessohnes auf ihrem Gewissen haben. Dieses Sühneopfer sollte Dich angeblich gnädiger stimmen, doch stelltest Du trotzdem Deine Bedingungen. Den Menschen wurde neben ihrem schlechten Gewissen nun auch noch auferlegt, so opferbereit wie das angebliche Opfer zu leben, danach zu streben, so zu werden wie dieses vermeintliche Geistwesen, ausgehend von der Annahme, daß das immerhin Gottes einziger Sohn war, eine im Grunde unmögliche Aufgabe, die das Scheitern schon im Keim in sich trug.

Der Versuch, dem Sohne Gottes ähnlich zu werden, war so verstanden im Grunde unmöglich, wurde aber dennoch in aufopferungsvoller Weise unternommen.

Der Einsatz dieser Männer ist wahrlich nicht gering gewesen, und darum liegt es mir auch fern, hier Abwertungen vorzunehmen. Nach meinem Verständnis sind sie jedoch einen verhängnisvollen Irrweg gegangen, und darin sehe ich einmal ihre ganz persönliche Tragik, zum anderen bleibt bei allem Bedauern für diese tapferen Männer die Tatsache, daß ihre Lehre nicht wenige Menschen das Leben gekostet hat.

Sie gingen auch unterschiedliche Wege, und die Auseinandersetzung um die Gültigkeit ihrer Lehre ist für uns festgehalten worden. Im übrigen ein bis heute vertrauter Streit, er scheidet noch immer die Geister. Doch trotz aller Gegensätze in der Auslegung des Wortes blieb es bei dem allmächtigen Gott, der seinen Sohn opfern ließ, und das angeblich aus Liebe zu uns Menschen.

Zu Abrahams und Isaaks Zeiten erwies sich dieser Gott noch ein wenig »menschlicher«, denn er verzichtete darauf, daß Isaak geopfert werden sollte, auch wenn er die Probe auf die Spitze trieb. Der Gott zu Jesu Zeiten hatte demnach seine Meinung geändert und griff gleich nach seinem eigenen Sohn.

Es wird mir gänzlich unverständlich bleiben, warum die Kirche ungebrochen von einem liebenden Vatergott redet, obwohl der Widerspruch doch so offensichtlich ist. Die Logik, die zum Zusammenbasteln dieses Denkgebäudes benötigt wurde, steht auf schwachen Füßen, und weil das so ist, wird immer wieder darauf hingewiesen, daß dieses Geschehen mit der Vernunft nicht erfaßt werden könne.

Der Mensch muß also, wenn er diesen Gott verstehen will, seine Vernunft im Vorraum des Himmels abgeben, andernfalls verläuft die Begegnung unbefriedigend. Der Hinweis auf Deine Größe und auf Deinen unerfindlichen Ratschluß soll alles Fragen unterbinden. Wenn dennoch einige zu dem Schluß kommen, diesen Gott eben wegen seines geheimnisvollen Wesens und Handelns begreifen und annehmen zu können, dann spricht die Kirche von Gnade und Erwählung. Wie überhaupt nur die Erwählten das ganz Unverständliche scheinbar fassen können und einem solchen Gott die Ehre erweisen. Sie verzichten auf Protest, Auflehnung und zu viele Fragen, doch der Preis für ihren Glauben ist hoch. Ihre angebliche Befreiung und Erlösung durch Christi Blut merkt man ihnen nicht an, auch sind sie kein Salz der Erde und kein Licht für die, die im Dunklen sitzen. Das Licht, das sie noch zu verbreiten vermögen, reicht selten über ihren eigenen Kreis hinaus. Sie sind Menschen, die eher mit schuldgesenktem Haupt durchs Leben gehen und dabei einem unerreichbaren Gottessohn nachzueifern suchen. Zur Stärkung auf diesem dornenreichen Weg erhalten sie das Abendmahl, aber auch, um nicht zu vergessen, wie schuldig sie doch sind und bleiben werden.

Daß ein Leben im Glauben an einen derartigen Gott der beste Nährboden für psychische Erkrankungen ist, das hat die Tiefenpsychologie ans Tageslicht gebracht.

Mir wird bei dieser Arbeit immer wieder deutlich, welch fatale Folgen die herkömmliche Vorstellung von Dir nach sich zieht. Die meisten Menschen der heutigen Zeit können mit ihr denn auch nichts mehr anfangen und stellen für sich fest, daß es überhaupt keinen Gott gibt. Ich finde, sie sind mit einer solchen Annahme immer noch besser bedient als diejenigen, die der allgemein bekannten anhängen. Doch der Entschluß, an gar keinen Gott zu glauben, löst die alten Bilder nicht einfach auf, sie werden – wenn es nicht zu einer echten Auseinandersetzung kommt – nur in untere Bewußtseinsschichten gedrängt. Mit anderen

Worten: Ob die Menschheit will oder nicht, sie hat in Dir ein Erbteil bekommen, mit dem sie sich auseinandersetzen sollte, denn wenn sie das nicht tut, bleibt das nicht folgenlos.

Der breite Weg der Unmündigkeit

Von der Vorstellung, daß Du auf höherer Warte unsere Schicksalspäckchen sortierst und uns von Zeit zu Zeit ein Bündelchen zum Tragen schickst, damit wir durch das uns zugedachte Leid zu wahrer Reife finden, habe ich mich schon lange verabschiedet.

Du bist für mich nicht der Schmiedemeister menschlichen Glücks oder Unglücks. Den paradiesischen Urzustand – wenn es ihn je so gab, wie wir ihn uns vorstellen – gibt es nicht mehr. Der gute Kreislauf des Schöpfungsgeschehens ist aus dem Gleichgewicht geraten. Die Menschen lebten und leben bis auf den heutigen Tag gegen den Lauf der Natur und damit gegen ihre ureigenen Bedürfnisse, und dieses fehlgeleitete Verhalten hatte und hat schmerzliche Folgen, die wir nach meiner Meinung fälschlicherweise als Schicksal bezeichnen.

Schicksal wird von schicken hergeleitet, und selbst alle, die nicht an Dich glauben, gehen – wenn auch vielleicht ganz unbedacht – bei Verwendung dieses Begriffes davon aus, daß ihnen etwas Unerklärliches geschehen sei, das sich ihren Planungen und Berechnungen entzieht und darum von irgendeinem unfaßbaren Außen auf sie zugekommen sein muß. Die Annahme, etwas Unerklärliches müsse auch gleich etwas von außen Einwirkendes sein, ist nach meiner Meinung falsch, und von daher halte ich den Schicksalsbegriff für irreführend.

Zu schnell wirst Du zum Lückenbüßer für unsere Unwissenheit. Die Parapsychologie verweist uns auf noch gänzlich unerschlossene Bereiche der Wirklichkeit. Bei der Meditation stoßen Menschen auf Grenzbereiche, und ich selber kann ebenfalls auf Erfahrungen zurückblicken, für die es keine schnellen Erklärungen gibt. Müssen wir davon ausgehen, daß bei all diesen Erfahrungen etwas geschieht, was von außen auf uns einwirkt, also doch Schicksal oder Fügung ist? Oder können wir auch zu dem Schluß kommen, daß alles derzeit Nichtfaßbare aus unserem eigenen Mittelpunkt erwächst?

Eine schwere Depression zum Beispiel würde ich nicht als Schicksal ansehen, das einen Menschen auf unerklärliche Weise ereilt. Jede Depression hat eine Entstehungsgeschichte, selbst Unfälle haben ihre Vorgeschichte, auch wenn die plötzlich eintretenden Folgen uns wie ein Schlag treffen können. So wie ich in diesem Sinne nicht an ein Schicksal – also etwas uns Geschicktes – glaube, so auch nicht an Zufälle.

An diesem Punkt möchte ich zur Verdeutlichung ein Bild verwenden, und zwar stelle ich mir vor, die komplizierten, vielschichtigen und miteinander verwobenen Abläufe im menschlichen Leben wären Bestandteile eines großen Puzzles. Ein Teilchen wird an das andere gefügt, und wir wissen, daß richtiges Legen eines großen Puzzles ungeheuer schwierig ist. Da werden an allen Enden Anfänge gemacht, ohne daß der Zusammenhang schon zu erkennen wäre. In den Rahmen einer solchen Überlegung passen keine Zufälle, ich begreife sie als Einzelteile innerhalb meines Lebensrahmens, und mein Lebensbild ist wiederum nur ein einziges Teilchen in dem großen Schöpfungsrahmen, aber ein unbedingt notwendiges, ohne es entstände eine Lücke, und diese ist nicht vorgesehen.

Auch der aus dem Gleichgewicht geratene Kreislauf menschlichen Verhaltens entwickelt seine eigenen Gesetze, so daß sich auch hier ein Teil ans andere fügt. Ursache und Wirkung bleiben das Grundgesetz selbst eines gestörten Schöpfungsablaufes. Ich glaube, daß es in Deinem Schöpfungsplan keinerlei Zauberei gibt, es fehlt uns nur an der nötigen Einsicht und Entwicklung der in uns schlummernden entsprechenden Kräfte. Bis zur Umsetzung dieser Erkenntnis werden wir fragende und suchende Wesen bleiben, wobei sich die Kernfragen im Blick auf unser Schicksal bereits an den Zeitpunkt unserer Geburt und des Todes festhaken. Setzt Du nur den Anfang und das Ende eines jeden Menschenlebens? Ist dieser Eingriff der einzige, den Du vornimmst, oder reicht Dein Einfluß nicht einmal bis zu diesen Anfangs- und Endpunkten? Hast Du möglicherweise nur den Anfang in Bewegung gesetzt und gar kein Sterben vorgesehen?

Es gibt die provozierende Theorie, das Sterben sei überhaupt ein Irrtum, weil die Menschen durch eine falsche Lebensweise ihren eigenen Verfall vorbereiteten. Dieser Theorie kann ich mich allerdings nicht anschließen, wenn ich an den gesamten Naturkreislauf denke, der ein ständiges Werden und Vergehen einschließt. Ich gehe eher davon aus, daß Geburt und Ende unseres Lebens nicht ohne Deinen Einfluß verlaufen, wir also nicht einfach Zufallsprodukte sind. Ich glaube, daß es zwischen Dir und Deinen Geschöpfen zu einer Geschichte kommt, in der Du den Anfang setzt, daß das Ende dieser Geschichte aber maßgeblich von uns mitbestimmt wird. Dazu kommt mir der denkwürdige Satz von Tagore in den Sinn: »Wir leben in dieser Welt, solange wir sie lieben.«

Wenn ich davon ausgehe, daß Du keine Möglichkeit direkten Einwirkens in unser Leben hast, der Raum zwischen Geburt und Tod also unser Freiraum ist, dann halte ich es für sehr wahrscheinlich, daß wir hinsichtlich des Zeitpunktes unseres Sterbens Mitverantwortung tragen. Der Kreislauf der Natur umfaßt auch unseren Tod, damit neues Leben sich Raum schaffen kann, doch unsere Lebensdauer war möglicherweise ursprünglich länger vorgesehen. Die Menschheit hat sie wahrscheinlich durch ihre gegen die Natur gerichtete Lebensweise schon seit langem verkürzt, und es gibt nur noch wenige Menschen, die weit über hundert Jahre alt werden und uns durch ihre lange Lebenszeit auf diese grundsätzliche Möglichkeit hinweisen.

Wenn es wirklich so ist, daß wir nur so lange leben, wie wir unser Leben in dieser Welt lieben, dann wundert es mich wenig, daß so viele Menschen nicht besonders alt werden. Bereits Kinder können finden, daß die Welt alles andere als schön und das Leben eine Qual ist. Es gibt so viele Menschen, die sich selbst und ihre Umwelt nicht annehmen können, die keine Freude am Leben haben, weil ihnen Annahme nicht zuteil wurde und damit die Freude keinen Eingang in ihr Leben fand.

Die Suche nach Dir ist vielleicht eine Suche nach unserer Identität. Wenn wir keine Zufallsprodukte sind, sondern Wesen, mit denen Du ein Verhältnis eingehen willst – und zwar ein jeweils ganz persönliches –, dann bist Du unser Ursprung, und der Mutterleib ist nur ein Zwischenträger, sozusagen Eingangs- und Ausgangspunkt, um unser Wachstum und damit die Möglichkeit zur Kontaktaufnahme mit Dir zu ermöglichen. Wie sehr dieses Wachstum beschnitten werden kann, erfahren wir nur zu schmerzlich, neigen aber eher dazu, alles Geschehen als schicksalhaft anzusehen.

Ich stelle bei mir fest, daß in mir das Fragen ruhiger geworden ist, nachdem ich den schwersten sogenannten Schicksalsschlag meines Lebens, den Tod eines unserer Kinder, überlebt und als eine Möglichkeit der Veränderung wahrgenommen habe. Daß ich diese schmerzhafte Erfahrung so gut überstehen konnte, hat ganz sicher etwas mit meinem Glauben an Dich zu tun. Diese ganz andere Vorstellung von Dir lebt schon lange in mir und hat allen offiziellen Zerstörungsversuchen bisher getrotzt. Ich bin von der breiten, bequemen Straße abgewichen und habe mich auf den schmalen Weg zum Lebenstor aufgemacht – dieses Bild lebt noch aus den Kindertagen in mir –, nur daß sich für mich dabei eine Umkehr der damit verbundenen Maßstäbe vollzogen hat. Ich betrachte heute die gesamte Kirche, ob pietistisch oder auch fortschrittlicher ausgerichtet, als breite, bequeme Straße.

Auf ihr ist kein Selbständigwerden erforderlich, sie wurde zum bergenden Schoß, den die Gläubigen nur ungern verlassen, gibt er ihnen doch die Wärme einer Gemeinschaft. Daß diese Wärme nur einen flüchtigen Charakter hat und wirkliche Gemeinschaft zwar ein vielbeschworener Wunsch ist, in der Realität sich jedoch immer wieder als Illusion erweist, das hält diejenigen, die dort einen sicheren Hafen wähnen, aber nicht davon ab, hier ihr Zuhause zu suchen.

Solange die Menschen nicht in der Lage sind, auf eigenen Füßen zu stehen und damit auch ihren eigenen Weg zu Dir zu finden, so lange benötigen sie wahrscheinlich diese Form von Gemeinschaft, selbst wenn sie dabei nicht einmal bestrebt sind, in Kontakt mit den neben ihnen auf der Kirchenbank sitzenden Mitmenschen zu treten. Die Anonymität macht auch vor der Kirchentür nicht halt, hier wird sie nur noch offensichtlicher als im Alltagsleben, denn sie steht im totalen Widerspruch zu dem, was in diesen Räumen gepredigt wird. Die gemeinsam gesprochenen Gebete und Bekenntnisse sollen den Eindruck erwecken, als entstünde mit diesen sich ständig wiederholenden Formeln tatsächlich Gemeinschaft. Die Form der Gottesdienste ist andererseits so angelegt, daß echte Kommunikation geradezu unmöglich ist. Einer redet auch räumlich abgehoben vor den anderen, während diese sich nur im braven Aufsagen der Formeln oder beim Singen der zum großen Teil nicht mehr unserer Sprache und Zeit gemäßen Lieder beteiligen können. Das alles wird zum ständigen und für viele zu einem liebgewordenen Ritual, welches vielleicht in einer Reihe von Gläubigen erhebende Gefühle schafft und in ihnen die Illusion einer wirklich vorhandenen Gemeinschaft entstehen läßt.

Aus meiner Sicht ist das eine traurige Realität, ein trügerischer Zustand, in dem ich nicht mehr leben möchte. Auf diesem Boden wachsen die Vorstellungen von einem allmächtigen Gott, der dem Menschen von oben her sein Schicksal zuteilt. Die Konsequenz ist, daß diejenigen, denen noch genug Kräfte zur Auflehnung geblieben sind, mit Dir hadern, während die zum Gehorsam erzogenen Gläubigen als Ausweg die Glorifizierung des Leidens suchen. Sie nehmen ihr Kreuz auf sich und tragen es oftmals mit großer Tapferkeit, nicht selten aber auch in dem Bewußtsein, daß sie aus ihrem Leiden Profit ziehen können.

Doch bei aller Kritik möchte ich vermeiden, vorschnell zu urteilen, dagegen bleibt die Trauer über eine, wie ich meine, verhängnisvolle Glaubensentwicklung. Jesus nahm sein Schicksal selbst in die Hand und wurde damit zum aktiv Handelnden.

Die bohrende Frage: Warum trifft es gerade mich? wird nicht dadurch beantwortet, daß man sie ständig aufs neue stellt; damit geraten wir nur in einen Teufelskreis, aus dem es kein Entrinnen gibt. Unser überwiegend entfremdetes Leben fordert von jedem seinen Tribut, und solange es uns nicht gelingt, unseren ursprünglichen Bedürfnissen wieder näherzukommen, so lange kann es – das Schicksal – uns viel schneller ereilen. Insofern haben wir unser Schicksal ganz sicher zu einem gut Teil selbst in der Hand.

Und wo bist Du bei alledem? Ich glaube, Du hast lediglich die Funktion eines Trösters, aber dafür läßt sich bei Dir soviel Trost finden, daß wir in die Lage versetzt werden, auch mit sehr schmerzlichen Lebensumständen nicht nur fertig zu werden, sondern sie als verändernde Chance für einen neuen, heilsameren Lebensplan zu begreifen. Wer es aufgibt, mit Dir zu hadern oder sich Deinem vermeintlichen Willen zu unterwerfen, und Dich lieber als Beistand und Tröster versteht, der wird nicht sitzen bleiben und darauf warten, daß sich sein Schicksal wenden möge, der kann in Deiner tröstlichen Nähe erfahren, daß Du ihm zutraust, selbst im Leiden aktiv zu werden. Auch die traurigste Situation kann sich verändern, wenn wir gewahr werden, daß uns mehr Möglichkeiten zur Verfügung stehen, als wir glauben. Wenn wir unsere Kräfte nicht im Hadern mit Dir und uns selbst oder im krankmachenden Hinunterschlukken unseres Schmerzes verbrauchen und Dich nicht als Verursacher unseres Schicksals, sondern als mit uns leidenden Partner ansehen, der um unsere Not weiß, aber leider keine Zauberkunststücke vollbringen kann, dann werden wir uns selbst aufmachen, um all unsere verschütteten Kräfte zu mobilisieren und die sich dabei eröffnenden Möglichkeiten zu erproben. Der Glaube an einen Gott, der vielleicht doch noch vom Himmel aus Wunder geschehen läßt, wenn wir nur recht fleißig darum bitten und uns verhalten, wie es sich für brave Kinder geziemt, wird unsere Aktivitäten lähmen und unseren eigenen Fähigkeiten keinen Spielraum geben. Ein solches Gottesbild verhindert der Situation angemessenes Handeln, es verzehrt die noch verbliebenen Kräfte gänzlich, wenn die erhofften und erbetenen Wunder trotz unermüdlichen Bittens sich doch nicht einstellen.

Dem entgegen stehen jedoch die schon von vielen Menschen berichteten spontanen Gebetserhörungen. Besonders in gläubigen Kreisen hört man davon, und da ich an die Macht der menschlichen Phantasie glaube, habe ich eigentlich gar keinen Zweifel, daß es diese sogenannten Erhörungen tatsächlich gibt.

Jesus sagte schon: »Hättet ihr Glauben in der Größe eines Senfkornes, so könntet ihr Berge versetzen.« Er wies unaufhörlich auf die Macht des Glaubens hin, und ich denke mir, daß wir uns zeitweise, vielleicht ganz unbewußt, dieser Macht bedienen. Wenn seine starke Einbildungskraft den Menschen zu dem erwünschten Resultat führt, dann mag er den Erfolg als Gebetserhörung ansehen. Wie auch immer, auf jeden Fall hat er mit seinen eigenen Fähigkeiten gearbeitet.

Wie stark Autosuggestion sich auswirken kann, weiß man heute und setzt sie darum auch für therapeutische Zwecke ein. Ich bin allerdings der Meinung, daß hier die Forschung erst die Spitze des Eisberges entdeckt hat. Wenn man an den gesamten Bereich der Parapsychologie denkt – auch bei allen Abstrichen, die im Blick auf mögliche Scharlatanerie zu machen sind –, dann bekommen wir vielleicht eine erste Ahnung von noch unentdeckten Kräften und Möglichkeiten. Solange die Menschen aber in dem Glauben leben, sie seien gegen das Schicksal machtlos, weil nur Du allmächtig bist, so lange werden sie ihre Potentiale nicht ausschöpfen, werden in der Stellung von unmündigen Kindern verharren, die erwartungsvoll zum großen Papa aufblicken. Und mag der Fortschritt auf technischem Gebiet auch ständig wachsen, es wird eine einseitig ausgerichtete Entwicklung bleiben, die die wichtigsten Bereiche menschlichen Seins brachliegen läßt.

Gerechter Zorn dient dem Frieden

Wenn ich an die heutige Weltlage denke, dann stelle ich bei mir fest, daß die ständig drohende Kriegsgefahr in mir keine panischen Ängste auslöst. Die Suche nach Antwort auf die Frage: »Wie kann ich in meinem engsten und auch weiteren Umfeld mit dem Frieden Ernst machen, damit er wenigstens für mich nicht nur Gerede bleibt?« beschäftigt mich viel stärker.

Das Wort von Martin Luther King: »Es gibt keinen Weg zum Frieden, Frieden ist der Weg« sollte in unserer bedrohlichen Situation tägliche Meditationsübung sein, dann könnten wir unsere Überlebensfrist vielleicht verlängern, und jede Verlängerung bedeutet, zu noch tieferer Erkenntnis der Wahrheit vorzudringen.

Bei Jesus ist beides gleich stark ausgeprägt, das Loslassenkönnen und das Zupacken, wo offensichtlich Unrecht herrscht oder Leid zu beseitigen ist. Er geht dabei schonungslos und ohne jegliche Ausgewogenheit vor, die heute allseits gefordert wird, besonders im kirchlichen Raum. Er nennt die Friedlosigkeit und das Unrecht beim Namen, und wenn man den Evangelisten glauben darf, dann warf er vor Zorn auch schon mal die Tische der Händler um, wurde gelegentlich also sogar handgreiflich.

Daß Jesus uns als ein Mensch beschrieben wird, der unüberhörbar vom Frieden spricht, dabei aber gerade den üblichen Friedensvorstellungen – die wohl mehr das Bewahren der öffentlichen Ruhe zum Ziel hatten – entgegenlebte, zum Beispiel durch Äußerung von offensichtlichem Zorn, Wut und auch deftigen Aussagen wie: Ihr Heuchler, ihr getünchten Gräber und ähnliches, gerichtet an die geistlichen Vertreter seiner Zeit, diese Tatsache könnte uns nachdenklich machen.

Hier ist nach meiner Meinung ein wichtiger Ansatzpunkt zur Überprüfung der gängigen Friedensvorstellungen. Diese laufen nach meiner Beobachtung darauf hinaus, daß die meisten Menschen statt des Friedens nur ihre Ruhe haben wollen, selbst wenn sich diese dann im nahenden Inferno in Friedhofsruhe verwandeln wird. Verwunderlich ist diese Haltung allerdings nicht, da wir den alle menschlichen Bereiche durchdringenden Frieden in unserem Alltag noch nie erlebt haben, allenfalls besitzen wir eine Ahnung darum.

Für etwas, was man nie so recht kennengelernt hat, setzt man sich wahrscheinlich auch nicht besonders ein. Geübter sind wir sicherlich im weitverbreiteten Konfliktvermeidungsverhalten. Es gilt als unfriedlich, wenn jemand laut und aufrichtig seinen Zorn äußert, selbst wenn es sich dabei um gerechten Zorn handelt. Dabei sollte sich gerade dieser seinen Weg bahnen dürfen. An Jesus erleben wir derartige Zornesäußerungen, dabei zeigt er keine Sanftmut.

Ich kann die ehrfurchtsvolle Haltung, die den Aussagen der Bergpredigt entgegengebracht wird, nicht in allen Teilen nachvollziehen, denn in den Evangelien erleben wir einen Jesus, der sich teilweise in völligem Gegensatz zu dieser Predigt verhält. Welche Kunstgriffe auch immer von den Theologen vollbracht werden, um dieses Auseinanderklaffen zu überbrükken, sie überzeugen mich alle nicht. Jesus hatte viele Gesichter und viele Regungen, und deshalb halte ich es für sehr gut möglich, daß er auch aus der Haut fahren konnte, weil ihm Unrecht und Leid unter die Haut gingen. Ein Mensch, der so aufnahmefähig und durchlässig ist, braucht auch entsprechende Möglichkeiten der Abfuhr, und hierfür boten sich ihm genug Gelegenheiten. Sein Zorn traf diejenigen, die ihn hervorgerufen hatten.

Bei uns richten sich Zorn und aufgestaute Wut oftmals gegen die schwächsten Glieder in der Kette, gegen die Kinder, und aus den getretenen und unterdrückten Kindern erwächst dann die nächste friedlose Generation. Zorn, der an der richtigen Stelle seine Abfuhr finden kann, ist in meinen Augen ein gerechter Zorn, er ist sozusagen heilig. Zudem bleiben wir davor bewahrt, ihn an denen auszulassen, die ihn nicht verursacht haben. Hier liegt nach meiner Meinung eine entscheidende Wurzel unserer Friedlosigkeit. Wir tragen den Unfrieden in uns und in unsere Räume und vergiften die Atmosphäre. Der Ärger über echtes oder auch vermeintlich erlittenes Unrecht wird meistenteils heruntergeschluckt und schafft uns nicht nur Magenbeschwerden und andere Leiden. Oft genug kommt es dadurch zu falsch plazierten Zornesausbrüchen.

Bei Jesus reiht sich auf den ersten Blick eine Paradoxie an die andere, und erst bei genauem Hinsehen wird deutlich, daß er gar nichts Paradoxes tut, sondern der Situation angemessen handelt, nur entspricht sein Handeln eben nicht den üblichen Vorstellungen. Die Menschen müßten lernen, um des Friedens willen zornig zu werden, und ich meine, bei diesem Prozeß ist uns Jesus ein guter Lehrmeister.

Diese Gedanken gehen mich selbst an, weil ich mich als einen Menschen erlebe, der leicht von Zorn ergriffen wird, aber entsprechend leicht gelingt es mir, wieder reine Luft um mich herum zu schaffen.

Diese Verhaltensweise habe ich von Kindesbeinen an trainiert und so das zornige Kind in mir am Leben erhalten. Daher kommt es sicher nicht von ungefähr, daß mir der zornige Jesus sehr nahe steht, in ihm finde ich mich selbst ein Stück weit wieder.

Es fällt mir immer wieder auf, daß in den Kirchen viel zuwenig von dieser Seite in Jesu Persönlichkeit gesprochen wird. Was wiederum nicht sehr verwunderlich ist, da Kreuz und Leiden hier ganz im Vordergrund stehen. Jesus hat mit seinen Zornesausbrüchen bei den Betroffenen keine Zustimmung, sondern Ablehnung oder gar Feindschaft hervorgerufen. Er wird die Reaktionen auf sein Verhalten vorausgesehen haben, ging das Risiko aber dennoch ein.

In einer heillosen Welt, die Frieden mit ängstlicher Ruhebewahrung und Gesetzesenge verwechselt, kann der Weg zum Frieden über weite Strecken nur im Zustand des gerechten Zornes gehen, der sich über Angst und Enge hinwegsetzt. Wenn Jesus die Friedensstifter selig preist, dann hat er sie damit nicht zu Ruhe- und Ordnungshütern ernannt, sondern zu Menschen, die sich nicht scheuen vor einem dornigen Weg, der Kampf gegen die Lieblosigkeit mit all ihren Folgen bedeutet. Um diesen Frieden zu erlangen, müßten sie lernen, ihren Zorn am rechten Ort wahrzunehmen und wenn möglich auch zuzulassen.

Der Einsatz für den Frieden muß eindeutig sein und kann nicht auf ständige Ausgewogenheit Rücksicht nehmen. Es gibt Situationen, in denen es keinerlei Kompromisse oder Entgegenkommen mehr gibt. Wo das Unrecht buchstäblich zum Himmel schreit, wo der Mensch seiner Würde beraubt wird, da sollte sich ein heiliger Zorn Bahn brechen dürfen, da muß um des Friedens willen der Kampf angesagt werden.

Jesus ist den Unrechtstiftern seiner Zeit ganz eindeutig entgegengetreten, er wurde zum Unruhestifter ersten Ranges, und nicht zuletzt auch deswegen hat man ihn umgebracht. Wenn er die Friedensstifter selig preist, dann sind die Unruhestifter mit einbezogen. Er will keinen faulen Frieden schaffen, seine Friedensvorstellung schließt den Kampf mit ein. Allerdings haben wir »Nachfolger Jesu« es nicht ganz so leicht wie er, da unserer Persönlichkeit sein Reifegrad fehlt. Er lebte unmittelbar seine Gefühle aus, wir werden schon in frühester Kindheit am Ausleben unserer Gefühle und da besonders der aggressiven gehindert. Nur wenige Menschen haben das Glück, ohne größere seelische Schäden diese Zeiten der Unterdrückung zu überleben. Wut, Zorn und Enttäuschung werden in die Tiefe gedrängt und bald nicht einmal mehr richtig wahrgenommen.

Jesu beispielhaftes Verhalten empfinde ich als Einladung zur Nachahmung. Wenn wir dazu aufgefordert sind, seinem Vorbild auch hier zu folgen, dann heißt das zwar einige Schritte aus der Bequemlichkeit und Trägheit herauszugehen, dafür ist aber Befreiung zur Menschwerdung in Aussicht gestellt. Unser Leben auf Sparflamme und in dünner Luft ist der hohe Preis, den wir zu zahlen haben, wenn wir unsere Möglichkeiten zur Selbstverwirklichung nicht voll ausschöpfen.

Ein Gott für Erwachsene

In den ruhigen Stunden, in denen ich mich schreibend Dir zuwende, erfahre ich Deine Nähe wesentlich intensiver als im Lärm des Alltags. Meine Freude an dieser Form der Auseinandersetzung wächst mit jedem weiteren Brief. Das Ordnen meiner Gedanken, die Einfälle und auch die Abschweifungen verfolgen ein noch nicht bestimmbares Ziel. Ich taste mich durch einen Dschungel von Bildern und Vorstellungen und ahne nur umrißhaft Deine Gestalt. Dabei bin ich gezwungen, alte, liebgewordene, aber auch ungeliebte Beschreibungen Deines Seins loszulassen, weil ich vermute, daß sie alle nicht in der Lage sind, Dein umfassendes Wesen wiederzugeben, oder diesem gar widersprechen. Lebte ich im Mittelalter, würde ich wegen meiner ketzerischen Gedanken und Äußerungen ein böses Ende gefunden haben, aber auch heute noch werden Ansichten, die vom breitgetretenen Hauptweg der Kirchen in eine andere, noch unerforschte, Richtung weisen, zumindest übelgenommen.

Kirchenvertreter benötigen offensichtlich ihre Abwehrhaltungen, und ich will mir kein grundsätzliches Urteil über sie erlauben, da jeder Mensch seine eigene Geschichte hat, auf deren Hintergrund sich sein Gottesverständnis entwickelt. Ich bin dankbar für den Verlauf meiner Geschichte, weil ich durch sie genügend Freiraum gewonnen habe, um mich auch außerhalb der herkömmlichen Vorstellungen von Dir sicher zu fühlen.

Im Urlaub an der See habe ich nichts geschrieben, meine Gedanken flossen mit den Wellen dahin, und ich fühlte keinen Drang, sie festzuhalten. Wenn ich in Bildern an Dich denke, dann ist das Meer für mich ebenfalls ein Sinnbild Deines Seins. Ich könnte Dich auch als Felsen im Meer zeichnen, denn Du bist für mich sowohl das Meer als auch der Felsen, in dessen Grund ich mich verankert wissen möchte, denn dann könnte mir auch die stärkste Brandung nichts anhaben. Wenn Sturm aufzieht, dann kann es sein, daß die Wellen den Felsen überfluten, doch ihre Kraft reicht nicht aus, um ihn ins Wanken zu bringen, er hat einen sicheren Grund. Der Fels vermag aber auch nicht die Wellen festzuhalten, er kann und muß sie loslassen. Auch wenn er keine Welle aufzuhalten vermag, so bleibt er doch mit jeder verbunden, da das Meer sie alle umfaßt und einbettet. Ebenso ergeht es den Wellen, sie können sich nicht an ihn klammern, die Flut treibt sie weiter, doch sie berühren den Felsen, und diese Berührung verändert ihren Lauf.

Wenn die Sonne den Fels umstrahlt, dann erscheint er mir in warmen Farben leuchtend; wenn am Himmel Sturm aufzieht, dann wird das Meer grau, und der Felsen nimmt eine dunkle und manchmal undefinierbare Farbe an, einzig seine Standhaftigkeit bleibt gewiß. Sicherheit gibt aber auch das Wissen, daß sich die Gezeiten ständig ändern und jeder Sturm die Wolken und den Regen vertreibt. Auf diese Weise zeigt auch der starke Wind zwei Gesichter, er bereitet der Sonne den Weg.

Beim Meditieren dieses Bildes erlebe ich mich als Welle und als Felsen, denn Dich erfahre ich als meinen Ausgangs- und Endpunkt.

Mein Wunsch, Deine Wirklichkeit auch im Alltag besser zu erfassen, ist in den Urlaubswochen noch gewachsen und damit gleichzeitig auch die Freude an dieser Form der Kontaktaufnahme. Mir scheint sie eine immer bessere Möglichkeit zu werden, meinem schemenhaften Bild von Dir stärkere Konturen zu verleihen.

Es wird mir wohl kaum gelingen, dieses Bild Dir gemäß zu entwerfen, vielleicht gelingt mir aber immerhin ein schärferer Umriß, denn Unsagbares müßte in Worte gekleidet und nie zuvor Erfahrenes erfahrbar gemacht werden, wenn wir Dich für uns sichtbar machen wollen.

Wir haben die rechte Form des Umgangs mit Dir noch nicht gefunden. Die Farben, in denen man Dein Bild bisher entworfen hat, sind blaß und blutleer, es fehlt ihnen jegliche Ausstrahlung. Im Unterbewußtsein der Menschen existiert die übermittelte Vorstellung vom Ankläger, Richter und Rächer, vereint in Deiner Person. Der Vatergestalt wurden grausame Züge verliehen. Diese schrecklichen Bilder leben in Kopf und Herz der Menschen, auch wenn die Sprache der Kirche heute sehr viel gemäßigter klingt als zu früheren Zeiten.

Alle Menschen, die Dich als denjenigen verstehen, der ihnen ihr leidvolles Schicksal bündelweise zuteilt, müssen diese grausame Vorstellung von Dir verinnerlicht haben, auch wenn ihnen das nicht bewußt ist. Ihre Ängste wurden mit Hilfe der Kirche bereits im Vorfeld abgewehrt, indem sie uns ein Sündenbewußtsein suggerierte und uns die Anerkennung unserer vermeintlichen Schuld nahelegte, um damit Deine schrecklichen Maßnahmen zu rechtfertigen.

Immer wieder stoße ich auf diesen aus meiner Sicht traurigen und Dein wirkliches Wesen verdunkelnden Zusammenhang. Ein derartiges Glaubensverständnis lehne ich heute ab, ich habe es mit meinen Kinderschuhen abgestreift, und je weiter ich ihnen entwachse, um so menschenfreundlicher werde ich Dich erfahren, dessen bin ich mir ganz sicher. Insgesamt betrachtet ist unverkennbar, daß die Freundlichkeit untereinander im Absterben begriffen ist, und vielleicht ist diese Tatsache die Erklärung dafür, daß so wenige Menschen an Deinen Willen zur Freundschaft mit uns glauben können.

Immer dort, wo Bewegungen entstehen wie die Friedensbewegung oder auch das Zusammenkommen auf den großen Kirchentagen, ist noch eine freundlichere Atmosphäre zu verspüren, weil die Beteiligten ebenfalls an der sich ausbreitenden Kälte in unserer Gesellschaft leiden und nun wenigstens innerhalb der Bewegung ein wenig Wärme erzeugen möchten. Sie durchbrechen die Anonymität, verwenden untereinander das grenzenüberwindende Du, und es gelingt ihnen auch ein Stück weit, das verlorengegangene Gemeinschaftsgefühl wiederherzustellen. Neue Formen der Freundschaft scheinen zu entstehen, weil die gemeinsame Sorge der Menschen um die bedrohte Zukunft sie näher aneinanderrücken läßt.

Diejenigen, die im Umgang miteinander Freundlichkeit erfahren haben, können wohl eher daran glauben, daß Du ihnen in Freundschaft begegnen willst. Dieser Glaube wird aber sicher von ständigem Zweifel geplagt sein, denn die Gefährdung der Menschheit wächst täglich, es sieht nicht nach einem freundlichen Ausgang unserer Geschichte aus.

Solange Du für die Menschen derjenige bist, der alles in Händen hält und die Geschicke lenkt — also auch den Untergang, wenn es dazu kommen sollte —, so lange werden sie Dir nicht grundsätzlich vertrauen können, denn unsere Zeit ist voller Gegenbeweise. Auch die Geschichte zeigt, daß es bisher unter den Menschen wenig Zuwendung und Wärme gegeben hat, sie bringt uns eher unzählige Belege für Haß, Feindschaft und willkürliche Zerstörung.

Ich gehe davon aus, daß Du uns in einer menschenfreundlichen Weise begegnen möchtest, tatsächlich aber erfährt Dich die Mehrheit der Menschen als bedrohlich, da ihr Schicksal überwiegend beängstigende Züge trägt. Der in christlichen Kreisen gängige Ausspruch: »Alles kommt aus Gottes Hand«, in Versen und Liedern verewigt, hat ganz sicher dazu beigetragen, daß die Menschen nicht mehr so ohne weiteres Deine Liebe zu uns voraussetzen. So wie wir von den Launen des Schicksals sprechen, so müßten wir uns entsprechend dann auch Dich als sehr launenhaft vorstellen. Doch Jesus hat uns die Botschaft hinterlassen, daß Du Deine Geschöpfe liebst, seine Beziehung zu Dir ließ sein Vertrauen in Deine liebevolle und hilfreiche Nähe wachsen.

Anerzogen wurde uns die Vorstellung, daß Freud und Leid aus Deiner Hand kommen und daß wir beides dankbar und demütig anzunehmen haben. Demnach dürfen wir ein unfreundliches Schicksal nicht einfach als solches betrachten, da es auf jeden Fall einen tieferen Sinn hat und, weil es von Dir kommt, gar nicht unfreundlich sein kann, sondern eher einen prüfenden und erzieherischen Charakter hat. Im übrigen gibt es im Neuen Testament noch den Satz: »Wer mir nachfolgen will, der nehme sein Kreuz auf sich.« Weitere Fragen sind im Grunde nicht zulässig, und wo sie dennoch gestellt werden, da erfahren wir nur Beschwichtigungen, denn eine klare Antwort ist auf dieser Grundlage auch gar nicht möglich.

Ich gehe davon aus, daß Dein Geist von Wahrheit und Klarheit und nicht durch Zwiespältigkeit gekennzeichnet ist, darum setze ich auch voraus, daß unsere Erfahrungen mit Dir einen ganz eindeutigen Charakter haben können. Auf der eben genannten Grundlage ist weder Klarheit noch Eindeutigkeit möglich, die Realität mit ihren vielen schmerzlichen Erfahrungen widerspricht ganz einfach den verbalen Zusicherungen der angeblich Wissenden, und es wird einiges an Gehirnakrobatik verlangt, um den erlittenen

Schmerz dann doch noch ins Gegenteil zu verkehren. Eine Reihe von Menschen versuchen täglich, dieses Kunststück zu vollbringen: ein Schicksal, an dem sie sich wundreiben, noch als Zeichen Deiner Liebe anzusehen, wie das Alte Testament schon sagt: »Wer sein Kind liebt, der züchtigt es.«

Es tut mir weh, wenn ich daran denke, um wieviel schwerer es vielen tapferen Menschen, die großes Leid zu tragen haben, noch zusätzlich mit einem derartigen Gottesverständnis gemacht wird. Ihr Zweifel wird sie nie zur Ruhe kommen lassen, und obendrein ist er eigentlich gar nicht zulässig, in ihren Gebeten werden sie sich wahrscheinlich noch für ihn bei Dir entschuldigen. Das Beten an sich wird einem solchen Gott gegenüber zu einem kräfteverzehrenden Akt, selbst wenn sich vordergründig erst einmal Beruhigung einstellen mag, da ja auch dieser Gott die Möglichkeit bietet, ihm sein Herz auszuschütten, und das schafft immer Erleichterung. Nur erstarren dann solche Gebete zu ständig wiederholten Bitten an einen Gott, der vermeintlich von außen her das Schicksal wenden kann. Wenn keine Wende eintritt, dann sind weitere Anstrengungen erforderlich, um die ausbleibende Hilfe zu erklären und zu entschuldigen.

Was auch immer in dieser Richtung unternommen wird, meistenteils bleibt es unbefriedigend, selbst wenn eine Reihe von Menschen sich mit einem derartigen Gott abgefunden haben und ihn trotz allem noch als hilfreich erfahren. Dieses Gottesbild wird ihnen nicht zu einem ungestörten Verhältnis zu Dir verhelfen, weil Du ihnen im Grunde ganz unverständlich bleiben mußt.

Da die meisten von uns schon die Liebe der Eltern als zwiespältig empfunden haben, geben wir uns wahrscheinlich – wenn auch resigniert – damit zufrieden, daß auch die Liebe des himmlischen Vaters unbegreiflich ist. Auch die Eltern haben uns ja angeblich nur aus Liebe – und damit etwas Anständiges aus uns wird – bestraft. So bleiben wir ganz unseren irdischen Erfahrungen verhaftet und übertragen sie auf unsere Beziehung zu Dir. Ein Großteil der Menschen ist allerdings wohl dem richtigen Gefühl gefolgt, nämlich, daß es solch einen merkwürdigen Gott nicht geben kann, der eigentlich kein Stück besser ist als die Menschen, eher viel furchtbarer, der seine Gnade nach Gutdünken verteilt und darum überhaupt nicht berechenbar ist. Selbst tiefstes menschliches Leid vermag ihn nicht zu rühren, er faßt seine Entschlüsse in einsamer Höhe.

An einen derartigen Gott – einmal ohne alle Beschönigungen gesehen – können sie verständlicherweise nicht glauben, und darum wurdest Du dann auch für tot erklärt. Da es diesen Gott nach meiner Meinung nie gegeben hat, kann es ihm auch nicht weiter weh tun, wenn man sein Ende feststellt.

Ich glaube, daß Du mit dieser Todeserklärung sehr einverstanden bist. Diejenigen aber, die nun zu der Überzeugung gekommen sind, es gebe überhaupt keinen Gott, es fehlten uns nur noch die Erklärungen für alles Unfaßbare, werden ihre Geschichte trotzdem nicht verleugnen können. Sie sind von Kindesbeinen an mit dem christlich überlieferten Gedankengut in Elternhaus, Schule und Gesellschaft aufgewachsen. Sie können die Vergangenheit nicht bewältigen, wenn sie die Eindrücke und Bilder einfach abtun, denn die christliche Kultur hat uns alle geprägt und ihre Spuren in unserem Denken und Handeln hinterlassen.

Doch im Moment denke ich mehr an die Menschen, die mit dem alten Gottesbild zu leben versuchen und die ohne Zweifel auch daran leiden. Zu den Menschen, die die Ansicht vertreten, es gebe überhaupt keinen Gott, gehöre ich nicht, und darum fühle ich mich eher mit denen solidarisch, die an Dich glauben, wie auch immer dieser Glaube aussehen mag. In ihrer Gemeinschaft suche ich nach einem neuen Glaubensstandort, und all meine bisherigen Erfahrungen mit Dir haben mir den Weg in eine neue Richtung gewiesen. Auf diesem Weg brauche ich meinen Verstand nicht auszublenden, muß mich nicht mit Widersprüchlichkeiten abfinden, bin ich zu einer ganz anderen Ausgangsbasis gelangt. Sie entspricht einer genauen Gegenrichtung: vom allmächtigen, richtenden Gott zum vorerst ohnmächtigen, dafür aber uns ohne Einschränkungen annehmenden, menschenfreundlichen Gott, der kein Blutopfer braucht, weil unsere Sünden uns nicht von ihm zu trennen vermögen.

Ein Gott, der mich vorbehaltlos annimmt, macht es mir leichter, mich selbst ohne große Vorbehalte anzunehmen, denn er stellt mich nicht unter Leistungsdruck, knüpft keine Bedingungen an seine Annahme.

Ich nehme Jesus ganz ernst, wenn er sagt: »Dir sind deine Sünden vergeben«, das heißt für mich, sie sind es bereits. Ich verstehe diesen Ausspruch nicht als Hinweis darauf, daß Du sie uns irgendwann einmal vergeben wirst, nämlich dann, wenn es uns im Laufe der Zeit gelingt, Dir bessere Leistungen als Gegengabe Deiner Vergebung zu liefern. Jesus lebte ganz sicher in dem Glauben Deiner vorbehaltlosen Annahme aller Menschen, andernfalls wäre er wohl kaum mit der uns überlieferten Entschiedenheit zu den am Rande der Gesellschaft Lebenden gegangen. Sie waren nach Meinung seiner Zeitgenossen diejenigen, die sich am meisten versündigt hatten, die Unreinen, deren Unglück als Strafe für ihre Sünden angesehen werden konnte. Und diese Unglücklichen ernennt er zu seinen Brüdern und Schwestern, ihnen überbringt er die frohe Botschaft Deiner alles einschließenden Sündenvergebung, solidarisiert sich mit ihnen beim gemeinsamen Mahl. Jesus muß in seiner Begegnung mit Dir erfahren haben, daß Deine Liebe und Zuwendung nicht an Bedingungen und Leistungen geknüpft ist, und es mußte dann auch dies der Kern seiner Botschaft werden.

Es finden sich in den Evangelien und speziell im Alten Testament genügend Textstellen, die meine Sichtweise von Dir als leichtfertig erscheinen lassen könnten, denn man hat Dich in der Bibel auf die Rolle des Richtergottes festgeschrieben. Doch habe ich im Blick auf das Neue Testament erhebliche Zweifel, ob es sich bei diesen Aussagen nicht eher um die Meinung der Evangelisten oder Apostel als um Jesu tatsächlichen Standpunkt handelt.

Es wird keinem Theologen gelingen, exakte Beweise für die Richtigkeit und Ungefärbtheit der Bibeltexte zu erbringen. Der Kern der Botschaft Jesu spricht aber eine deutliche und eindringliche Sprache, die auch zu seinem Gesamtbild paßt. Die drohenden Töne widersprechen ganz einfach dem Geist dieser Botschaft.

Aber ich will mich hier nicht auf einem den Theologen reservierten Schlachtfeld verlieren. Da ich kein Theologe bin, fühle ich mich frei von Beweiszwängen. Ich bin ein Mensch auf der Suche, angehaucht von Deinem Geist der Liebe, den ich in Jesus, Deinem Boten, erkenne.

Da diese Botschaft in jedem Fall eine frohe und befreiende sein soll, denke ich mir, daß meine Vermutungen in die richtige Richtung zielen, denn mein Glaube macht mich froher, wird zur befreienden Kraft in meinem Leben, so daß ich die Hoffnung habe, daß ich in dieser Glaubenshaltung wachsen kann.

Uns wird gesagt: Gott kann man nicht mit der Vernunft erfassen. Dem würde ich auch zustimmen, denn mit der Vernunft allein mag das schwierig werden. Doch es gibt auch noch andere Ebenen, auf denen wir Dir begegnen können, die zumindest gleichrangig sind: unser Gefühl oder auch Herz. Es ist für mich aber keine Frage, daß einen Gott, den meine Vernunft gänzlich ablehnt, mein Gefühl nur unter Mühen wird annehmen können.

Ich glaube nicht, daß Du tatsächlich die Ursache einer derartigen Spaltung bist. Die Menschen selbst haben sich mit ihren herkömmlichen Vorstellungen von Dir diesen Zwiespalt geschaffen. Ich verstehe Dich in erster Linie als ganzheitliche, alles umfassende Liebeskraft, die nicht darauf aus ist, Herz und Kopf ihrer Geschöpfe voneinander zu trennen. »Was Gott zusammengefügt hat, das soll der Mensch nicht trennen«, dieser Satz ließe sich im weiteren Sinne auch auf meine letzten Überlegungen übertragen.

Gottes ohnmächtige Liebe

Jesus blieb sich selbst treu bis zum Tod

Bisher habe ich in meinen Briefen Jesu Sterbensgeschichte immer wieder aufgeschoben, weil seine Art zu leben genug Anreiz zum Nachdenken gibt. Dennoch bedingt gerade seine Lebensweise auch sein Sterben, beides läßt sich nicht voneinander trennen. An den Beginn meiner Überlegungen will ich die provozierende Frage stellen: War Jesus ein verkappter Selbstmörder? Hätte er nicht wissen müssen, welche Konsequenzen sein unangepaßtes Verhalten nach sich ziehen würde?

Nach meinem Verständnis ist diese Frage eindeutig mit Nein zu beantworten. Ich kann bei ihm keinen Hang zur Selbstzerstörung erkennen, eher den ausgeprägten Drang nach Selbstentfaltung.

Nun ist eine konsequente Selbstverwirklichung nicht nur zu Jesu Zeiten gefährlich gewesen, auch heute noch kann es für Menschen, die sich von Zwängen befreien möchten, um in selbstbestimmter Weise leben zu können, zu beängstigenden Reaktionen der Umwelt kommen. Wenn beispielsweise Frauen in unserer von Männern beherrschten Gesellschaft um ihre Rechte kämpfen, dann sind sie oft genug den gewaltsamen Verfolgungen ihrer Männer ausgesetzt, und mitunter müssen sie ihren Wunsch nach einem selbstbestimmten Leben sogar mit dem Tod bezahlen. Die überfüllten Frauenhäuser, in die Frauen in ihrer Angst vor physischem und psychischem Terror flüchten, machen die ganze Not offenbar, bieten uns einen Einblick in die möglichen Folgen von Selbstbefreiungsversuchen.

Wenn Menschen – durch welchen Anstoß auch immer – versuchen, ihren im Laufe des Lebens erworbenen Panzer aufzubrechen, um ein befreiteres Dasein zu wagen, dann können sie mit dem Ärger und nicht selten auch dem Haß ihrer verständnislosen Umwelt rechnen.

Zu sich selbst zu stehen, neu gewonnene Erkenntnisse und damit verbundene Befreiungsversuche zu wagen, das ist immer risikoreich gewesen, dazu brauchen wir nicht erst auf Jesu Erfahrungen zurückzugreifen. Besonders in totalitären Staaten wird ganz deutlich, wie sehr das Recht der Menschen auf Freiheit und Selbstverwirklichung im wahrsten Sinne des Wortes mit Füßen getreten wird.

Jesu Versuch, ein menschengerechtes Leben zu führen, findet auch heute noch Nachahmer. Ich denke an Menschen, die – wenn auch vielleicht zaghaft – für sich erkannt haben, daß sie mehr aus ihrem Leben machen können, als es dem Anschein nach möglich ist. Ihr Bewußtsein hat begonnen, sich zu erweitern, und dieser Prozeß kann sowohl befreiende als auch beängstigende Auswirkungen mit sich bringen, denn ihre Umwelt wird alles unternehmen, um sie zu stören und wenn möglich scheitern zu lassen. Wer sich selbst näher kommen möchte, muß sich im Grunde erst einmal von den anderen entfernen.

Das vornehmste Gebot aber lautet: »Liebe deinen Nächsten«, der Zusatz »wie dich selbst« hat nicht die nötige Beachtung gefunden und wird häufig sogar ganz unterschlagen. Damit ist der Grundstein für unsere Selbstentfremdung gelegt. Es wird behauptet, in der Nächstenliebe sei soviel Befriedigung zu finden, daß die Eigenliebe – und die wird landläufig ganz einfach mit Egoismus gleichgesetzt – nicht mehr so wichtig sei, besser noch, ganz geopfert werden könne, um Befreiung von sich selbst zu finden.

Selbstbefreiung kann aber auch das Gegenteil bedeuten: Soll unser Selbst befreit werden, oder müssen wir uns von ihm befreien? Der Begriff der Selbstlosigkeit dagegen ist eindeutiger und hat bis auf den heutigen Tag auch einen hohen Stellenwert im Katalog der wünschenswerten Eigenschaften.

Jesu Verhalten wird gedeutet als Hingabe, Opferbereitschaft, Selbstlosigkeit, Aufgehen in der Erfüllung Deines Willens und ähnliches mehr und zur Nachahmung empfohlen. Ich bin der Meinung, daß diese Deutungen nur bedingt richtig sind, auch wenn der Schein dagegen spricht.

Ich glaube wohl, daß Jesus bei seinem Tun nicht einzig und allein sein eigenes Seelenheil im Auge hatte, gehe aber davon aus, daß er sich durchgehend treu blieb, also nichts tat, was ihn von sich selbst entfernt hätte. Dieses Beisichsein und -bleiben möchte ich als Selbstverwirklichung bezeichnen. Nach meinem Verständnis hat er sein Leben nicht für seine Mitmenschen und die Nachwelt hingegeben, sondern als Preis für seinen Glauben, seine Erkenntnisse, für seine Treue zu sich selbst und damit zu Dir. Mit diesem Beispiel steht er wiederum nicht allein da, denn im Laufe der Zeit sind immer wieder Menschen für ihren Glauben gestorben, auch wenn ich hier nicht entscheiden mag, ob es die jeweils richtigen und der Menschheit dienlichen Überzeugungen waren.

Jesu Erkenntnisse könnten für uns geradezu lebensrettend werden. Er ruft in erster Linie zu selbstverantwortlichem Handeln auf, und damit verbunden ist die gemeinsame Verantwortung für Deine Schöpfung. Er hat in exemplarischer Weise ein entsprechend ausgerichtetes Leben vorgelebt, damit aber auch allen Nachfolgern die möglichen Konsequenzen einer echten Nachfolge vor Augen geführt.

Selbstverantwortung

Niemand von uns muß mit dem Kreuzestod rechnen, wenn er Jesu Beispiel folgen will. Wer heute seinen Lebensvorschlag aufnehmen möchte und damit in einen Selbstfindungsprozeß eintritt, der wird aber viele Hürden überwinden und so manchen Tod sterben müssen, bevor er zu dem kommt, was Jesus als wahres Leben bezeichnet.

Was aber ist im einzelnen darunter zu verstehen? Ich will versuchen, Antworten zu finden, die nicht allzuweit von denen entfernt sind, die Jesus uns durch seine Botschaft nahelegt, auch wenn sie ganz modern anmuten mögen.

In seinem Sinne zu leben bedeutet für mich zunächst, der uns allseits umgebenden Verlogenheit mit erhöhter Sensibilität zu begegnen und kritisch zu überprüfen, wie es um meine eigene Wahrhaftigkeit steht. Weiter erscheint mir wichtig, ein Gespür für unsere echten Bedürfnisse zu entwickeln, die schon lange von den uns aufgeschwatzten überlagert sind; zu lernen, in sich hineinzuhören, still zu werden, Stille zu suchen, obwohl das angesichts des ständig zunehmenden Lärmens der Menschen und der gesamten Umwelt immer schwieriger wird. Auch wenn wir keine Wüste, in die wir uns zeitweise zurückziehen können, in der Nähe haben, die Möglichkeit, sich Oasen der Stille zu schaffen, wird jeder finden, der mit Betroffenheit erkennen mußte, daß er bisher lediglich ein Scheindasein geführt hat. Eine derartige Betroffenheit bahnt sich im günstigen Fall einen Weg und findet Möglichkeiten zur Besinnung, andernfalls war es kein wirkliches Erwachen, die Stufe des Dämmerzustandes ist noch nicht überwunden.

Während dieses Insichgehens nimmt der Alltag scheinbar seinen normalen Verlauf, doch unter der Oberfläche zeichnen sich bereits erste Konsequenzen des sich wandelnden Bewußtseins ab. Schmerzhafte Prozesse sind es zumeist, die dem Suchenden zu schaffen machen, denn sich selbst begegnen wollen bedeutet immer auch Distanz schaffen zu anderen Menschen, auch oder gerade zu den uns Nahestehenden.

Die meisten Menschen unserer Zeit suchen jedoch nicht die notwendige Distanz zueinander, sondern eher anklammernde Nähe. Das neugeborene Kind braucht die enge Verbindung zu Mutter und Vater oder anderen Verantwortlichen. Es ist angewiesen auf ihre ständige Hilfe, Nähe und Wärme, der Kontakt sollte möglichst hautnah sein. Das kleine Menschenkind kann sich noch nicht abgetrennt von seinen Bezugspersonen erleben, da es zunächst in einer symbiotischen Beziehung mit ihnen verbunden ist. Die Eltern wissen aber schon um den notwendigen Trennungsprozeß, und es liegt in ihrer Verantwortung, das ihnen anvertraute Kind mit der nötigen Behutsamkeit auf diese Erfahrung vorzubereiten.

Diese erste Begegnung mit der Einsamkeit war für uns alle sicherlich eine schmerzliche, jedoch unvermeidliche Erfahrung, da sie die notwendigen Voraussetzungen für weiteres Wachstum und Reifen schafft. Die positiven Auswirkungen dieses Prozesses liegen in der gewachsenen Erkenntnis, daß ich selbst diesem Schmerz nicht ausweichen und ihn auch niemand anderem abnehmen kann, weil er notwendigerweise zu jedem Reifungsprozeß dazugehört. Dieses Wissen gibt uns die nötige Distanz zum Schmerz des anderen. Ob es der Partner, die eigenen Kinder oder andere Nahestehende sind, allen gegenüber könnten wir eine befreite Haltung einnehmen. – Eine entlastende Erkenntnis, da wir doch zu schnell in Gefahr geraten, anderen alles mögliche abnehmen zu wollen, was sie im Grunde selbst leisten müssen.

Man mag behaupten, daß beides gleichzeitig möglich ist: Verantwortung für sich selbst und für andere zu tragen. Ich habe da – von Ausnahmen einmal abgesehen – sehr große Zweifel, wenn ich mich so umsehe. Ich glaube, daß ein Mensch, der wirklich eigenverantwortlich im besten Sinne lebt, ausgelastet ist und damit seine Lebensaufgabe gefunden hat.

Bleibt das aber nicht alles reine Theorie, wenn wir an Menschen denken, denen die nötigen Voraussetzungen zur Übernahme von Selbstverantwortung fehlen?

Es ist für mich keine Frage, daß bestimmte Menschen immer auf die Mitverantwortung und -hilfe anderer angewiesen sein werden. Dabei denke ich an diejenigen, die von Geburt an schwerste geistige Behinderungen mitbringen und die nie, oder nur sehr eingeschränkt, ihr Leben selbst in die Hand nehmen können. Sie sind auf dauernde Hilfe angewiesen. Allerdings bin ich der Meinung, daß die alleinige Verantwortung nicht den Eltern dieser behinderten Mitmenschen aufgebürdet werden darf, so wie es leider die Regel ist. Ich denke, daß hier für alle, die in der Lage wären, ein Stück Hilfe zu leisten, eine Pflicht zur Übernahme von Mitverantwortung besteht. Zum Teil ist diese Einsicht ja bereits in allen möglichen Pflegeeinrichtungen verwirklicht worden. Doch jede Erkenntnis kann in ihrer Durchführung pervertieren, und in diesem Fall läuft es darauf hinaus, daß die Gesellschaft ihre Verantwortung vor den Toren von Heimen und Krankenhäusern abgegeben hat. Das Elend wird auf ein Abstellgleis geschoben und denen überlassen, die von berufswegen dafür bezahlt werden. Bis zu diesem Punkt meiner Überlegungen habe ich keine Schwierigkeiten, weil die Antwort im Grunde sehr leicht ist.

Doch bei der großen Gruppe der psychisch Behinderten – und ich glaube den kritischen Stimmen, die behaupten, daß wir alle mehr oder weniger psychisch behindert sind – wird es schon viel schwerer. Meine Frage läuft darauf hinaus, ob Menschen, die von Kindheit an auf dem Wege zu einem selbstverantwortlichen Leben behindert wurden, denen wahrscheinlich auch nicht das Maß an Liebe und Wärme zuteil wurde, das sie für eine gesunde Entwicklung benötigt hätten, die volle Verantwortung für sich trotz dieser hemmenden Erfahrungen übernehmen müssen, oder ob sie sich ihr berechtigterweise entziehen können? Die Psychologie liefert uns heute scheinbar Erklärungen und Begründungen für fast alle Fragen, sie ist zur neuzeitlichen Heilsbotschaft geworden. Jeder Problembeladene und nach Lösung Suchende findet heute eine Vielzahl von mehr oder weniger hilfreichen Maßnahmen in Form von diversen Therapien oder auch entsprechende Literatur. Ich bezweifle, daß uns diese neuere Wissenschaft alle Fragen wird beantworten können, auch wenn sie von Fall zu Fall wirklich Hilfe zu bieten vermag. Darum komme ich wieder zu Jesus zurück, vielleicht finde ich auch zu diesen Fragen bei ihm etwas mehr Aufhellung.

Jesus, die Familie und die Umkehr

Es ist anzunehmen, daß Jesus so manche seelische Verletzung in seiner Kindheit erlitten hat, daß man ihm mit Unverständnis und Abwehr begegnete. Seine Lebensführung entstand gewiß nicht erst mit gut dreißig Jahren, sie wird aus einer Vorgeschichte resultieren, zu der wir leider nur spärlichen Zugang haben. In dieser Vergangenheit könnte man nach Schuldigen suchen, die ihn verletzt oder nicht ernst genommen haben, ihn nach heutigen Maßstäben vielleicht für verrückt, auf jeden Fall wohl aber für etwas sonderbar gehalten haben mögen.

Ich denke, er hatte für sich begriffen, daß die Verantwortung für sein Leben in seinen eigenen Händen lag, daß ihm niemand seine Erkenntnisse abnehmen und für ihn verwirklichen konnte. All seine Einsichten standen im Gegensatz zu dem üblichen Denken und Handeln seiner Zeitgenossen. In dem Moment, in dem er ganz allein die Entscheidung über den weiteren Verlauf seiner Geschichte getroffen hatte, distanzierte er sich zwangsläufig von allen Andersdenkenden.

Wir hören von ihm keine Klagen darüber, daß ihm zu wenig Liebe und Verständnis entgegengebracht wurde. Trotzdem begegnet er seinen Angehörigen mit unverkennbarer Distanz, man könnte auch sagen, er wendete sich ab von der Kleinfamilie, von ihren engen und einschränkenden Bindungen und wandte sich der ganzen Menschheitsfamilie zu. Den Ablösungsschmerz konnte er seiner Mutter weder abnehmen noch ersparen.

Wer sich an Jesus orientieren möchte, dem könnte an seiner Haltung deutlich werden, daß wir ein Recht darauf haben, Vater und Mutter zu verlassen, selbst wenn diese versuchen, sich an ihre Kinder zu klammern, daß die Verwirklichung der eigenen Ziele Vorrang vor den Wünschen der Eltern hat, daß grundsätzlich Distanz auch zu sehr nahestehenden Menschen nötig ist und nicht mit schlechtem Gewissen belastet werden muß, daß andere Menschen viel wichtiger werden können als zum Beispiel Eltern und Geschwister, wenn diese nicht das nötige Verständnis für den Wunsch nach Selbstverwirklichung aufbringen. Andere Menschen können zur neuen Familie, zu Brüdern und Schwestern werden.

Jesu Beispiel könnte all denen hilfreich sein, die in zu engen und möglicherweise auch krankmachenden Beziehungen in ihrer Familie leben, die ihre eigenen Wünsche opfern, um den Vorstellungen und Ansprüchen der Eltern zu entsprechen, die nicht den Mut zur Trennung und wenn nötig auch zur radikalen Abwendung finden.

Sein Verhalten macht uns aber doch auf die gute Möglichkeit aufmerksam, bei aller Entschiedenheit eine gewisse Fürsorge denen zukommen zu lassen, die es vielleicht schwerer mit der Ablösung haben als wir. Es ist Jesus nicht einfach gleichgültig, was mit seiner Mutter geschieht, auch wenn er während der Zeit seines Wirkens sich nicht dazu verpflichtet fühlte, ständig an sie zu denken. Ihre Not ließ ihn nicht ungerührt, noch im Sterben dachte er an sie und ihre weitere Zukunft.

Liebevolle Fürsorge, soweit sie möglich ist auf dem Hintergrund notwendiger Distanz, braucht den Ablösungsprozeß nicht zu behindern, kann emotionsfreier geschehen, wenn Machtansprüche von Eltern oder auch Partnern nicht mehr ihr Ziel erreichen.

Beim Überdenken meiner letzten Aufzeichnungen stellt sich mir die Frage, ob Jesus ganz unbelastet von Schuldgefühlen war. Es ist möglich, daß sie auch ihn hin und wieder plagten. Ein Blick in seine Seele bleibt uns verwehrt, doch die Beschreibung seiner Lebensart läßt den Schluß zu, daß er für sich ein klares Verhältnis zur Schuldfrage gefunden hat.

Wenn wir versuchen, zu unserer ursprünglichen Bestimmung zurückzufinden, dann werden wir in unserem Leben so manche Veränderung vornehmen, die anderen durchaus weh tun kann, weil sie oftmals nicht in der Lage sind, diesen neuen Weg mit uns gemeinsam zu gehen. Um so wichtiger wird es dann, daß wir lernen, angemessen mit unseren Schuldgefühlen umzugehen.

Ohne Frage bleiben wir Tag für Tag unseren Mitmenschen und uns selbst vieles schuldig, niemandem wird es gelingen, im Miteinander ohne Schuld zu bleiben. Wenn wir uns selbst wirklich ganz annehmen wollen, dann müssen wir auch dies anerkennen und werden unser Verschulden nicht mehr auf andere abwälzen. So können wir beispielsweise unseren Eltern nicht auf ewig vorwerfen, daß sie an uns schuldig wurden, denn auch sie sind nur vordergründig die Verursacher all unserer Leiden. Denn bei allen Vorwürfen werden wir uns die Frage stellen müssen, welches Leid wohl ihnen in ihrer Kindheit widerfahren sein mag, bevor die Wahrnehmung und Sensibilität für ihre eigenen Kinder so stark eingeschränkt wurden. Und was tun wiederum wir unseren Kindern an?

Wenn wir unseren Eltern die Schuld für unser persönliches Versagen anlasten, lehnen wir zu schnell die Übernahme selbstverantwortlichen Handelns ab. Bewußt oder unbewußt sollen damit die vermeintlichen Verursacher des Leidens auf Dauer für alle unterlassenen Hilfestellungen zum Erwachsenwerden bestraft werden. Auf den ersten Blick scheinen derartige Straf- und Rachereaktionen ganz verständlich, und doch helfen sie nicht, im Gegenteil, sie werden zum Bumerang, denn letztendlich bestrafen wir uns selbst immer wieder aufs neue. Die Suche nach Rechtfertigungen für unser Versagen muß ein Ende finden, oder es gibt keinen neuen Anfang.

Wenn wir Dich um Hilfe bei unseren Problemen bitten, dann sind diese Gebete oftmals sehr viel halbherziger gemeint, als wir es uns eingestehen wollen, denn auch unser Versagen kann seinen Zweck erfüllen.

Wo wir es doch gewohnt sind, möglichst jahrelang unsere Probleme – wenn es geht, auch noch mit fachlicher Hilfe – zu wälzen, da trifft Jesu Ruf nach Umkehr uns gestern wie heute unmittelbar und löst im günstigen Fall zumindest Betroffenheit aus.

Ich denke mir, daß die Zeiten des Jammerns und Klagens und auch des Selbstmitleids notwendig sind, um erlittene Schmerzen überhaupt erst einmal bewußt werden zu lassen und um ihre volle Berechtigung anzuerkennen. An Jesu Beispiel wird erkennbar, daß diese Zeiten aber nur einen begrenzten Raum in unserem Leben einnehmen sollten, wenn wir in unserer Persönlichkeitsentwicklung noch Fortschritte machen wollen. Ich halte Jammern und Klagen nicht einfach für eine spezifisch kindliche Äußerungsform, im Gegenteil, das spontane Weinen oder auch Schreien der Kinder kann uns bei unserem Wachstumsprozeß als Vorbild dienen. Aber auch diese Äußerungen des Schmerzes können sich wandeln und andere Formen annehmen. Dabei sind wir nicht gezwungen, sie auf immer abzulegen und den Tatsachen des Lebens nur noch heroisch ins Auge zu blikken, doch können wir lernen, mit unserem Schmerz auf neue Weise umzugehen, seine Botschaft werden wir besser verstehen, wenn wir uns auf dem Wege der Erneuerung befinden.

Zu diesem Weg lädt Jesus uns mit seinem Ruf nach Buße und Umkehr ein, und ich werde für mich überprüfen müssen, wieweit ich diesem Ruf folgen und meine gewonnenen Einsichten in all meinen Beziehungen verwirklichen kann.

Vielleicht fürchtest Du uns?

Mit jedem weiteren Versuch, Dich in meinen Gedanken sichtbarer werden zu lassen, wächst in mir der Wunsch, mich Dir noch intensiver als bisher zuzuwenden. Ganz sicher bist Du mir inzwischen ein Stück vertrauter geworden als zu Beginn dieser schriftlichen Auseinandersetzung mit Dir.

In meinen Meditationsübungen verwende ich seit langem den Satz: »Ich vertraue auf mein Gefühl«, und diese Aussage ist für mich keine leere Formel geblieben. Ich verspüre mehr Sicherheit in meinem Gefühl Dir gegenüber, vertraue darauf, daß es mich nicht in die Irre führt und daß dieser Arbeitsprozeß zu einem tieferen Verständnis Deiner Wirklichkeit führt. So könnte aus dem unbekannten für mich ein begreifbarer Gott werden, in dessen Wesen ich mich einfühlen kann, der sich in gleicher Weise mit meinem Verstand und meinem Gefühl erfassen läßt.

Für mich bist Du nicht mehr der schwarze Mann, zu dem die Menschen Dich degradiert haben, den wir vor aller Liebe erst einmal fürchten sollen. Es heißt ja so in der entsprechenden Reihenfolge: »Du sollst den Herrn, deinen Gott, fürchten, lieben und ihm vertrauen.« Wenn ich jemanden lieben soll, dann muß ich ihm zuerst einmal vertrauen können, und dann mag die Liebe wachsen. Aber »Furcht ist nicht in der Liebe«, heißt es an anderer Stelle. In der traditionellen Verkündigung der Kirche werden derlei Widersprüche bis heute nicht in ausreichendem Maße hinterfragt, und somit hat sie maßgeblich teil daran, wenn für viele Menschen der Zugang zu Dir erschwert wird.

Wenn ich eine Beschreibung meiner Gefühle für Dich wagen wollte, dann könnte ich heute schon sagen, daß ich dabei bin, Dich lieben zu lernen, und mein Vertrauen zu Dir stetig wächst. »Furcht ist nicht in der Liebe«, diesem Wort vertraue ich.

Ich bin dabei, die mir anerzogene Furcht vor Dir abzulegen, mein »Schicksal« nicht mehr zu fürchten, glaube ich doch, daß Du Deine Zeit nicht mit dem Sortieren von Schicksalspäckchen vertust. Auch wenn ich keine letzten Einsichten in das habe, was wir Schicksal nennen, so glaube ich doch, daß Du uns alles mit auf den Weg gegeben hast, um dieses sogenannte Schicksal zu meistern.

Unsere Möglichkeiten sind nach meiner Ansicht noch ungeahnt groß, soweit es sich um die konstruktiven handelt, die destruktiven brauchen wir nicht zu erahnen, sie sind in unserem Alltag grauenhafte Realität.

Was Freiheit allerdings wirklich bedeutet, hat die Menschheit insgesamt noch gar nicht erfaßt, und es sieht nicht danach aus, als würde sie es jemals begreifen.

Hast Du das alles von Anbeginn gewußt? Oder war Dein Vertrauen in die nach Deinem Bilde geformten Geschöpfe so groß, daß Du aus Deiner Hoffnung auf Partnerschaft heraus das Wagnis mit ihnen einfach eingegangen bist? Warum solltest Du nicht sogar aus dem Überschwang Deiner Liebe heraus gehandelt haben, als Du uns erschaffen hast?

Ich gehe davon aus, daß zu Deinen Wesenszügen auch Gefühle gehören, sie sind in unserem Leben die stärkste Antriebskraft. Wenn wir nach Deinem Bilde gestaltet wurden, dann wird Dein Wesen gerade auch diese Kräfte einschließen.

Nach den gängigen Vorstellungen bist Du ein abgeklärter alter Herr mit langem, weißem Bart, der unerschütterlich und unbeirrbar (und selbstverständlich fehlerfrei) am Rad der Geschichte dreht.

Ich halte es für denkbar, daß auch Du Lernprozessen unterworfen bist.

Die Menschen haben Dich im Verlauf ihrer Geschichte das Fürchten gelehrt. Wer weiß, wie sehr Du gegenwärtig um Deine Schöpfung bangst und doch ohnmächtig zusehen mußt, wie die »Krone« der Schöpfung daran geht, alles zu zerstören. Aus dem Gefühl meiner wachsenden Liebe zu Dir entspringt auch so etwas wie Sorge um Dich, ein Stück Mitleiden mit Deinen enttäuschten Hoffnungen und Wünschen. Ich bin sicher nur begrenzt zu dieser Art von Mitleid fähig, da der Zweifel an der Richtigkeit meiner Anschauungen neben aller Gewißheit im Glauben mein ständiger Begleiter sein wird. Aber ich will ihn nicht beklagen, sondern als treuen Partner begrüßen in der Hoffnung auf fruchtbare Zusammenarbeit in der Auseinandersetzung. Der Zweifel wird mir zur dauernden Antriebsfeder auf dem Wege nach tieferer Erkenntnis werden.

Doch trotz vieler ungeklärter Fragen scheint mir meinem Gefühl nach sicher zu sein, daß Du keine uns grundsätzlich fremden Wesenszüge trägst. Was ich auch über Dich höre oder lese, es erstaunt mich immer wieder, mit welcher Sicherheit von Dir gesprochen wird. Wenn zu allen Aussagen dazugesagt würde, daß es sich um eine persönliche Auslegung des Wortes handelt, wäre das Zuhören erträglicher. So umsichtig gehen aber die wenigsten mit Dir um, denn Deine Vertreter auf Erden haben es sich anscheinend zur Aufgabe gemacht, Sicherheit auch da zu verbreiten, wo eher eine fragende Haltung angemessen wäre, so aber werden wir ständig mit Behauptungen konfrontiert.

Jesus hat das neue Gottesbild transparent gemacht, und von daher geht auch kein Weg an ihm vorbei. Ich verstehe seinen Ausspruch: »Ich bin der Weg, die

Wahrheit und das Leben, niemand kommt zum Vater, denn durch mich« auch lediglich vor diesem Hintergrund. Er muß sich seiner Sache ganz sicher gewesen sein. Uns fehlt diese Sicherheit, wir können uns aber an seiner Botschaft orientieren. Doch auch dann wird der Zweifel unser ständiger Begleiter bleiben, und ich denke, daß es auch in Jesu Leben Zeiten des Zweifels gegeben hat, es ihm aber gelang, ihn zu überwinden.

Er ist über das Stadium des Fragens hinausgelangt, seine Erkenntnisse bewegten ihn zur Verkündigung einer neuen Botschaft. Leider ist sie nicht von ihm persönlich niedergeschrieben worden, und diese Tatsache erleichtert uns nicht gerade unseren Glauben, erleben wir doch täglich die Fragwürdigkeit menschlicher Aussagen und Wiedergaben von Erlebtem sowie ihre mangelnde Erkenntnisfähigkeit überhaupt.

Jesu Ausgangsbasis ist eine andere als die unsere, er sah Dich von Angesicht zu Angesicht – wie die Bibel sagt –, während wir auf seine uns übermittelten Erfahrungen mit Dir angewiesen sind.

Die Kirche wurde zum Übermittler des Wortes, und beim Gedanken an diese Institution drängt sich mir der Vergleich mit einer Lotterie auf. Je höher der Einsatz, desto größer die Chance, und das Los trifft einige Erwählte, denen Du angeblich gnädig bist. Die übrigen Teilnehmer werden mit dem Hinweis vertröstet, daß bei erhöhtem Einsatz des Bemühens Deine Gnade unter Umständen doch noch gewonnen werden kann. Sie werden mit bestimmten Regeln vertraut gemacht, und man gibt ihnen Aufmunterungen mit auf den Weg, und dann dürfen sie auf Deine Gnade hoffen. Nach Meinung des Apostels Paulus nützen ihnen allerdings nicht einmal ihre guten Werke, da es einzig und allein auf Deinen Gnadenakt ankommt. Im Grunde stehen jedoch alle Aufrufe unter dem Motto: Ohne Fleiß kein Preis. Doch die

Gläubigen sind es schon lange gewohnt, mit derartigen Widersprüchen zu leben, da Du ihnen trotz 2000 Jahren Verkündigung und ständigen Erklärungsversuchen der Unerklärliche geblieben bist.

Ich denke mir, Du hast Jesus ausgewählt, um uns darauf hinzuweisen, daß es keinerlei Gnadenakte Deinerseits bedarf. Sein Selbstbewußtsein Dir gegenüber kann uns über Deine Vorstellung von Partnerschaft Aufschluß geben. Doch trotz seines souveränen Verhaltens im Umgang mit Dir haben sie ihn zur Knechtsgestalt reduziert, um ihn im gleichen Zug dann aber doch wieder an Deine rechte Seite zu plazieren.

In einer guten Partnerschaft, oder besser gesagt Liebesbeziehung, geht man nicht gnädig miteinander um, weil man den anderen braucht, auf ihn angewiesen ist, wenn ein gemeinsames Werk gelingen soll. Wenn du nicht der allseits beschworene allmächtige Gott bist, dann bist Du darauf angewiesen, daß wir bereit sind, mit Dir zusammenzuarbeiten. Irgendwo las ich das Wort: Du hast keine anderen als unsere Hände und keinen anderen als unseren Mund, und ich denke, diese Aussage kommt meiner Sicht von Dir sehr nahe. Danach müssen nicht wir Dich fürchten, eher hättest Du uns zu fürchten. Wenn Du Deine Macht aus den Händen gegeben hast, dann hättest Du genug Anlaß zum Zittern und Bangen um Deine Schöpfung, dann muß Deine Trauer unermeßlich sein. Sollte das Pflegen und Erhalten dieser Schöpfung unser gemeinsames Werk sein, dann haben wir Dir den Vertrag aufgekündigt, und es stellt sich heraus, daß wir zumindest in diesem Leben die Stärkeren sein werden. Alles deutet darauf hin, daß wir uns zum allmächtigen Menschen hinentwickeln, zumindest was den Bereich der Zerstörung anbelangt. Auf diesem Sektor holt uns auch kein Gott mehr ein, hier haben wir die Macht vollends in der Hand.

Wenn ich davon ausgehe, daß Du zu Anbeginn unserer gemeinsamen Geschichte von Hoffnung auf ein partnerschaftliches Miteinander bestimmt wurdest, dann wirst Du diese Hoffnung wohl inzwischen aufgegeben haben. Der Mißbrauch unserer Macht hat schon vor dem Inferno allenthalben seine destruktiven Spuren hinterlassen. Vielleicht blickst Du heute voller Entsetzen auf Dein Schöpfungswerk.

Das Aussenden des Menschensohnes Jesus hat nur wenig bewirkt, die Menschen haben schon zu lange ihre Macht genossen, sie wollen sie nicht mehr mit Dir teilen. Jesu Lebensweg konnte nur zu einem Leidensweg werden, auch wenn gerade er – im Gegensatz zu vielen von uns – keinen heimlichen Bund mit dem Leiden eingehen wollte. Da er aber sicherlich das Leben liebte, wird er auch gewußt haben, welch mögliche Konsequenzen sich ergeben können, wenn er sich selbst und seinem Auftrag treu bliebe.

Einsamkeit

Über das letzte Stück von Jesu Lebens- und Leidensweg berichten die Evangelisten recht unterschiedlich, und es wäre sehr interessant, zu wissen, welche Aussagen Jesus wirklich am Kreuz gemacht hat. Hat er den Satz: »Mein Gott, warum hast Du mich verlassen« tatsächlich ausgesprochen? Wer will es mit Bestimmtheit sagen? Die Evangelien sind keine Gesprächsprotokolle, niemand kann für die Gültigkeit der dort überlieferten Aussagen bürgen.

Darum nehme ich mir auch bei diesem Kapitel die Freiheit zur Auslegung. Ich habe schon an anderer Stelle festgehalten, daß ich Jesus nicht für einen Selbstmörder, sondern für einen das Leben bejahenden Menschen halte. Ebenso aber glaube ich, daß er gewußt hat, daß er mit seiner Lebenshaltung sein Leben möglicherweise aufs Spiel setzte.

In diesem Zusammenhang muß ich an die Treulosigkeit seiner Jünger denken. Er wird schon bei Anbeginn seiner Beziehung zu diesen zwölf Männern auch um deren Schwäche gewußt haben, da seine Menschenkenntnis überdurchschnittlich ausgeprägt war, darum wird er auch zu allen Zeiten gewußt haben, daß er in Wahrheit sehr einsam war.

Ich habe schon behauptet, Jesus sei der glücklichste Mensch auf Erden gewesen, jetzt möchte ich hinzusetzen, daß er gleichermaßen auch der einsamste Mensch auf dieser Erde war, obwohl sich viele Anhänger um ihn scharten und ihm mit Zuneigung begegneten sowie ihm auch mit Dank gehuldigt haben mögen. Er wird gewußt haben, daß seine Mitmenschen zu keiner echten Partnerschaft mit ihm fähig waren, sondern eher gleich Kindern seine Hilfe brauchten. Selbst ein hohes Maß an Verehrung und Anhänglichkeit wird dieses traurige Wissen nicht beseitigt haben. Seine Geschichte ist eine Geschichte des Unverstandenseins wahrscheinlich von Kindesbeinen an.

Wir alle sind im Grunde ständig darum bemüht, von unseren Mitmenschen richtig verstanden und angenommen zu werden. Das Gewahrwerden ihrer Einsamkeit ist den meisten Menschen unerträglich, und darum unternehmen sie auch alles Erdenkliche, um sie zu verdrängen. So fürchten sie sich denn auch vor dem Alleinsein und versuchen mit Hilfe des überreichlichen Angebots der Freizeit- und Vergnügungsindustrie, alles zu vermeiden, was das Wissen um ihre Einsamkeit an die Oberfläche dringen lassen könnte. Doch nicht nur, wenn wir allein sind, kann Einsamkeit spürbar werden. Häufig wird sie gerade in der Gesellschaft vieler Menschen besonders schmerzlich erlebt, weil sich dort auch die letzten Illusionen über ihre mögliche Aufhebung verflüchtigen.

Derjenige, der noch allein ist, kann zumindest in der Hoffnung leben, daß er einem Menschen begegnen wird, der ihn von dem Gefühl der Einsamkeit befreien könnte.

Unsere Bestrebungen zielen in der Regel darauf ab, bewußt gewordene Einsamkeit im Miteinander zu überwinden. Doch die Erfahrung von echter Verbundenheit machen wir wohl nur im Mutterleib, und bedauerlicherweise oder glücklicherweise – aber sicher nicht ohne tieferen Grund – erinnern wir uns nicht mehr an diese symbiotische Lebensphase.

Heute wissen wir, wie sehr sich die Gefühlslage einer werdenden Mutter auf das in ihrem Bauch reifende Kind überträgt, daß dieses Kind wahrscheinlich an allen seelischen und körperlichen Erschütterungen der Mutter teilnehmen muß. Möglicherweise erfährt sein späteres Wesen durch diese frühen Erfahrungen eine grundlegende Prägung.

Wenn man von diesen, wie ich glaube berechtigten, Annahmen ausgeht, dann erscheint es nur folgerichtig, daß dieses verschmolzene Dasein sein naturgegebenes Ende findet. Außerhalb des Mutterleibes hat der heranwachsende Mensch die Chance, wenn auch erst relativ spät in seiner Entwicklung – und oft genug bekommt er sie auch nie –, Erfahrungen zu machen, die ihm zu dem Bewußtsein seiner Eigenständigkeit verhelfen können. Doch mit der Eigenständigkeit wächst auch die Wahrnehmung seiner anscheinend unüberwindlichen Einsamkeit.

Meine Überlegungen führen mich zunächst zu dem Schluß, daß Einsamkeit, Distanz zu anderen – auch gegenüber geliebten Menschen – etwas Notwendiges ist. Ist aber die Einsamkeit tatsächlich eine unabänderliche Gegebenheit unseres Lebens?

Ich glaube, es gibt eine Möglichkeit, sie zu überwinden, um die auch Jesus gewußt hat. Ich sehe ihre Überwindung in der Verschmelzung mit Dir, in dem Bewußtsein, daß wir an Deinem Wesen teilhaben, eben in der Partnerschaft zwischen Mensch und Gott, zu der Du von Anfang an bereit warst und auch heute noch bist.

Hier läge – um bei dem Bild vom Mutterleib zu bleiben – eine noch kaum faßbare Möglichkeit von untrennbarer Einheit. All unsere menschliche Sehnsucht nach Vereinigung mit einem anderen Menschen mag ihre Ursache in dieser noch nicht erreichten Wirklichkeit haben.

Das Wissen um den Schöpfer – um unseren Urmutterleib – ist nur ein ahnungsvolles und oft geleugnetes, weil unsere Erinnerung dorthin genausowenig zurückreicht wie zu den Erfahrungen im Leib unserer menschlichen Mutter.

Die Menschen aller Kulturen haben, von diesem unbestimmten Wissen getrieben, an irgendeinen Schöpfer geglaubt – wie auch immer sie sich diesen erdachten. Angst und Sehnsucht zugleich verbanden sie mit ihren Vorstellungen von ihm.

Ich denke mir, daß mit dem Bruch im Verhältnis zwischen Mensch und Gott auch das Bewußtsein von Einsamkeit entstanden ist. Wenn nur jeder Mensch sich der ungebrochenen Liebe seiner irdischen Mutter und seines irdischen Vaters sicher sein könnte, dann gäbe es das Gefühl der Einsamkeit möglicherweise gar nicht. Diese Liebe müßte allerdings eine vollkommene sein, die um unsere Bedürfnisse und die geeigneten Wege zu ihrer Befriedigung weiß und die letztlich Lebensweite und -sicherheit eröffnet. Von unseren Müttern und Vätern können wir solch umfassende Liebe wohl kaum erwarten, fehlt ihnen doch selbst eine derartige Erfahrung, da bereits ihre Vorfahren diese ursprüngliche Beziehung zu Dir verloren haben

Ich glaube aber, daß wir von Dir, unserer Urmutter, die vollkommene, wissende, uns befreiende Liebe erwarten dürfen. Das Bewußtsein um diese Möglichkeit ist uns abhanden gekommen, und darum laufen die Menschen allerorten der Liebe wie einem Phantom hinterher.

Phantasie über Gethsemane

Mein letzter Gedanke führt mich direkt zu der Frage, ob Jesus in seiner Sterbestunde Zweifel an Deiner unverbrüchlichen Treue hatte. Seine engsten Weggefährten versagten ihm in der Nacht vor seinem Tode den nötigen Beistand, indem sie ihrer Müdigkeit nachgaben. Nicht einmal zu diesem Zeitpunkt waren sie in der Lage, ihm Trost und Hilfe zu spenden. Als er sie in die Nachfolge rief, entflammten sie sehr rasch und waren nur allzu bereit, seinem Ruf zu folgen, doch als es ernst wurde, entpuppte sich ihre Begeisterung als schnell in sich zusammensinkendes Strohfeuer.

So war Jesus kurz vor seinem Tode sehr einsam, im übrigen wird er seinen Jüngern illusionslos gegenübergestanden haben. Was hätten diese auch tun können, selbst wenn sie mutiger gewesen wären? Ihren Mut bewiesen sie erst nach seinem Tode, denn es gelang ihnen, die fast erloschene Flamme unter anderen Bedingungen wieder zu entfachen. Doch ihr späterer Mut half ihm nicht im Moment der Todesangst, er mußte sie allein durchleiden. Die Verschlafenheit seiner Jünger, die die volle Gefahr entweder nicht begriffen oder sie möglicherweise gerade in ihrer Schläfrigkeit zu verdrängen suchten, muß das Gefühl seiner Einsamkeit noch gesteigert haben. Seine Not war aber so groß, daß er immer wieder ihre Nähe suchte und sie eindringlich um Beistand im Gebet bat.

Wenn ich mir diese Szene bildlich vorstelle, dann macht mich das Geschehen sehr betroffen und löst in mir starkes Mitleid mit diesem großartigen Menschen aus, der noch in der Situation sicheren Wissens um den Ausgang seiner Geschichte den Stolz überwinden konnte und um Hilfe bat.

Die Jünger waren möglicherweise wie gelähmt angesichts der Tatsache, daß ihr Meister, der doch anscheinend allen Menschen helfen konnte, nun ein vor Todesangst zitternder Mensch war. Ihre Schläfrigkeit mag etwas Bleiernes an sich gehabt haben, die Veränderung in Jesu Verhalten haben sie möglicherweise auf diese Art gar nicht in ihr Bewußtsein eindringen lassen.

So blieb er in seinem Gespräch mit Dir allein, obwohl er bei seinen Gefährten offensichtlich Stärkung gesucht hatte. Sollten sie ihm nur einfach durch ihre Nähe und Wärme Trost geben, oder wollte er mit ihnen gemeinsam versuchen, durch das Gebet um Hilfe zu bitten, das Unheil abzuwenden? An die letztgenannte Möglichkeit kann ich nicht so recht glauben, trotzdem halte ich es für wahrscheinlich, daß er die Frage, ob dieser Kelch wohl an ihm vorübergehen könne, wie überliefert, gestellt hat.

Warum sollte ein Mensch, der sich in Todesangst befindet, nicht auch eine solche Frage äußern? Jeder Krebskranke wird in den unterschiedlichen Phasen seiner Erkrankung diese Frage, wenn auch anders formuliert, entweder an Dich oder, wenn er nicht an

Dich glaubt, an das Schicksal allgemein richten. Da ich Jesus für einen Menschen halte – und zwar für den menschlichsten, von dem ich weiß –, ist mir seine Todesfurcht nur zu verständlich. Ich glaube daher eher, daß er einfach ihre Nähe suchte, so wie ein Sterbender dankbar nach einer warmen Hand greift, die ihm beim Übergang in das Unbekannte als Brücke dienen kann.

Was sich im Gespräch zwischen ihm und Dir ereignete, können wir wohl nur ahnen, denn niemand hat dieses Gespräch protokolliert, es wurde von den Beteiligten im wahrsten Sinne des Wortes verschlafen.

Wir haben schon von etlichen Menschen gehört, die sehr mutig und nicht so angstgeschüttelt in den Tod gegangen sind. Wenn die Evangelisten Jesu Todesangst so eindringlich beschreiben, dann denke ich mir, es wird auch so gewesen sein, denn besser gepaßt hätte eigentlich das Bild eines stolzen Jesus, der heroisch dem Tod ins Auge blickte.

Nach meiner Ansicht entsprang Jesu Furcht vor dem Tode seiner Liebe zum Leben. Aber nicht nur die Liebe zum Leben mag der Grund gewesen sein, sondern auch seine Liebe zu den Menschen mag ihm die Trennung so schwer gemacht haben. Auch wenn ihre Liebe zu ihm auf schwachen Füßen stand, er hatte sie ins Herz geschlossen, und vielleicht brach ihm im wahrsten Sinne des Wortes das Herz, wenn er daran dachte, daß sie nun ohne seinen Zuspruch in ihren alten, unheilvollen Verhältnissen weiterleben mußten.

Ich nehme an, daß Menschen, die dem Tod furchtlos entgegensehen, entweder das Leben und ihre Mitmenschen niemals wirklich geliebt haben, oder daß sie die Phase des Abschiednehmens wie Jesus bewußt durchlitten haben und an ihrem Ende bereit waren, den Tod als unabänderlichen Abschluß dieses Lebens hinzunehmen.

Jesus wird die Bilanz seines Lebens gezogen haben und möglicherweise zu dem Schluß gekommen sein, daß sein kurzer Einsatz nicht ausgereicht hat, um die Menschen zu wirklicher Umkehr und Erneuerung zu bewegen. Dieser Rückblick wird ohne Illusionen gewesen sein, und darum waren seine Hoffnungen für die weitere Zukunft der Menschheit wahrscheinlich sehr gering.

Er war ein Privilegierter, der seine Privilegien jedoch nicht einfach für sich behalten, sondern sie mit vollen Händen weitergeben wollte. Er hatte begriffen, daß Dein Reich mitten unter uns ist, daß es in einem voll gelebten Dasein schon in dieser Zeit seinen Anfang nimmt und nicht erst nach unserem Tode. Sein Wissen setzte er exemplarisch in die Tat um und mußte doch erleben, daß die wenigsten seiner Zeitgenossen erfaßten, was sich da vor ihren Augen vollzog. Und selbst diejenigen, die ihm am nächsten standen, waren trotz des ständigen Beisammenseins mit ihm nicht in der Lage, sein Anliegen, seine Botschaft in vollem Umfang zu verstehen.

So groß wie seine Liebe war wohl auch sein Schmerz im Angesicht des Todes. Vielleicht hielt er sein Leben gar für verfehlt, weil er mit seinen Einsichten allein geblieben war. Auch mag er in seiner Not mit Dir gehadert und stellvertretend für uns Dich angeklagt haben, weil Du keinen anderen Weg zu uns gefunden hast als über die Freiheit der Enscheidung für oder gegen Dein Liebesangebot. Vielleicht hat er Dir sogar sein privilegiertes Dasein übelgenommen, weil es ihm trotz aller Liebe zu den Menschen echte Solidarität nicht ermöglichte, denn er hatte seinen Mitmenschen immer und in jedem Fall etwas voraus, soviel Gutes er ihnen auch tat.

Dieses sind meine Phantasien zu Jesu letztem Lebensabschnitt, und vielleicht war es auch ganz anders, aber ich denke, daß sie möglicherweise doch in der Nähe des Geschehens liegen könnten.

Der Mord

In einem ersten Anlauf habe ich versucht, Jesu Schmerz über die Treulosigkeit, den Verrat und das ihm entgegengebrachte Unverständnis und die daraus resultierende Einsamkeit nachzuempfinden. Dabei bemerke ich, wie wenig Worte in der Lage sind, die Tragik seines Lebens wiederzugeben.

Sollte die Judasgeschichte wirklich so geschehen sein, wie sie uns überliefert wurde, dann muß es für ihn nahezu unerträglich gewesen sein, als er seinem Verräter gegenüberstand, einem Menschen, dem er wie allen übrigen Jüngern Gemeinschaft und Zuwendung geschenkt hatte. Vielleicht sah er diesen Jünger jedoch ganz anders, als wir es uns vorstellen. Er wird ihn gut genug gekannt haben, um zu wissen, wie es zu diesem Verrat kommen konnte – wenn es ihn je so gegeben hat.

Nach dem angeblichen Judaskuß stand er seinen Häschern gegenüber und wußte, daß es nun kein Entrinnen mehr gab. In der Zwischenzeit waren die übrigen Jünger geflüchtet. Vielleicht war Petrus noch eine Weile an seiner Seite, vielleicht auch nicht. Wie auch immer, Jesus war an dem Punkt angekommen, an dem seine Verlassenheit ganz offensichtlich wurde. Derjenige, der bis dahin allen geholfen hatte, die ihn um Hilfe anriefen, war nun allein und hilflos der Macht der Mächtigen ausgeliefert. Sie machten mit ihm kurzen Prozeß, seine provozierende Lebensweise sollte ein Ende finden, denn sie wollten die alte Ordnung endlich wieder unangefochten sehen, ein Ruhestörer dieses Formats schien auf Dauer unerträglich. Die Herstellung der öffentlichen Ruhe und Ordnung war ihnen Rechtfertigung genug, um ihre Hände in Unschuld zu waschen.

Wer will ihnen das auch verdenken, denn alle, die mit ihm in Berührung kamen, waren mehr oder weniger gezwungen, sich entweder für oder gegen ihn und seine Botschaft zu entscheiden. Zudem hätten sie sein Leben und seine Botschaft als Orientierungshilfe begreifen müssen, und dieses gelang nicht einmal seinen Jüngern in vollem Umfange.

Ich habe durchaus Verständnis für diejenigen, die dann das Urteil gesprochen haben. Aus ihrer Haltung heraus blieb ihnen wohl gar keine andere Wahl, als seinen Tod zu fordern, sonst hätten sie seinem Ruf nach Buße und Umkehr mit all seinen Konsequenzen folgen müssen.

Die letzte Möglichkeit zu seiner Rettung, nämlich den Widerruf seiner Überzeugungen, mußte Jesus zurückweisen. Um sich zu retten, hätte er sich selbst preisgeben müssen. Aus diesem Grunde glaube ich auch, daß er von Dir keine Hilfe erwartete, denn wie hätte sie aussehen sollen?

Es gab für ihn keine Alternative mehr, und über die Auswegslosigkeit seiner Lage war er sich ganz gewiß im klaren. Was magst Du empfunden haben, als Deine Geschöpfe daran gingen, Dein Ebenbild mit Hämmern und Nägeln zu zerschlagen? Wie mag es in Jesu Seele während des langsamen und qualvollen Sterbens ausgesehen haben? Meine Phantasie reicht nicht aus, um Deine und seine Schmerzen nachzuempfinden.

Diejenigen, denen er das heile Menschenantlitz zeigen wollte, zerschlugen es und damit auch die

Hoffnung für sich selbst. Indem sie versuchten, ihn lächerlich zu machen, nahmen sie sich selbst nicht ernst, indem sie ihn verhöhnten und schlugen, trafen sie mit jedem Schlag und jedem Wort die Wurzeln ihrer ohnehin schon angeschlagenen Menschlichkeit. Dieser Mord hatte und hat auch weiterhin weitreichende Folgen, und ich denke mir, daß Jesus sich dessen bewußt war.

Inwieweit er sich in dieser Lage auch von Dir verlassen fühlte, hängt ganz wesentlich von seiner Vorstellung von Dir ab. Wenn er Dich als den die Menschen suchenden Partner verstanden hat und nicht als allmächtigen Herrscher, dann mag er sich in seinem Schmerz und seiner Angst wohl verlassen, aber doch nicht wirklich einsam gefühlt haben. Im Gegenteil, in diesem Moment mag die stärkste Verbindung zwischen ihm und Dir die Erfahrung der gemeinsamen Ohnmacht gewesen sein. Der gemeinsame Schmerz über die Zerstörungswut der Menschen, über den Verlust ihrer Menschlichkeit mag Euch beide in Trauer und Verzweiflung verbunden haben. Es kann sein, daß sich der Himmel wirklich angesichts dieser Trauer verfinsterte und die Erde bebte.

Meine Worte sind zu dürftig und werden niemals das wirkliche Geschehen angemessen ausdrücken können, darum lasse ich all meine Vermutungen erst einmal so stehen.

Nach den Aussagen der Evangelisten hat Jesus am Kreuz zu einem seiner Todesgefährten gesagt, er werde noch heute mit ihm im Paradies sein. Selbst wenn er diesen Ausspruch nie so getan hat, so drückt er dennoch seine Hoffnung und seinen Glauben aus.

Einen Vorgeschmack dieses »Himmelreiches« hat er bereits in seiner Selbstverwirklichung erfahren, und er wurde, solange er lebte, nicht müde, auf die schon im Diesseits liegende Möglichkeit menschlicher Vollendung hinzuweisen und sie mit seinem Vorbild zu veranschaulichen.

Durch Jahrtausende hindurch vertrösteten Kirchenvertreter ihre Gläubigen auf ein paradiesisches Leben nach dem Tode. Jesus hat niemanden nur auf das Jenseits verwiesen, er verteilte kein Opium an das Volk, sondern rief die Menschen zur radikalen Umkehr auf und half ihnen in ihren Nöten, soweit es ihm möglich war. Die Beseitigung von Leid, Elend und Ungerechtigkeit war sein Hauptanliegen.

Ich glaube daran, daß Jesus recht hat, wenn er uns mahnt, unsere Zeit in diesem Leben voll auszuschöpfen. Seine Botschaft weist uns jedoch darüber hinaus darauf hin, daß es eine letzte Möglichkeit zu menschlicher Vollendung gibt, die in der absoluten Vereinigung menschlichen und göttlichen Wesens am Ende dieses Lebens liegt. Insofern ist sein Evangelium in jedem Fall eine frohe Botschaft, sie bleibt es auch im schlimmsten Fall, selbst dann, wenn seine Worte auf unfruchtbaren Acker fallen und die Saat in dieser Zeit nicht mehr aufgehen kann.

Über Jesu Todesstunden ist viel gesagt und geschrieben worden, und mir geht es weniger darum, die Kreuzigungsgeschichte, soweit sie uns berichtet wurde, in allen Einzelheiten zu betrachten. Es scheint mir sowieso unmöglich zu sein, Jesu Schmerz in seinem ganzen Ausmaß zu begreifen; die vielen Worte darüber erfüllen wohl eher den Zweck, uns über dieses Unvermögen hinwegzutäuschen. Sein Weltschmerz wird von anderer Qualität gewesen sein als der, von dem wir von Zeit zu Zeit heimgesucht werden. Ich möchte mich vielmehr auf das konzentrieren, was mir am eindringlichsten an diesem dramatischen Endpunkt erscheint. Für mich ist Jesu Tod am Kreuz zugleich ein Sinnbild für Deine Ohnmacht in Deinem Bündnis mit uns in dieser Zeit geworden.

Der Mensch, der anderen scheinbar grenzenlos helfen konnte, war nun der Hilflosigkeit preisgegeben. An jenem furchtbaren Ort des Grauens wird deutlich, daß er über keinerlei Zauberkräfte verfügte. Jeder, der bis dahin vielleicht derartiges bei ihm vermutete, wird hier enttäuscht gewesen sein.

Der Spott unter dem Kreuz galt dieser Hilflosigkeit. Ich glaube, daß Jesus weniger unter dem Spott als vielmehr unter der Tatsache gelitten hat, daß die Menschen nicht einmal wußten, was sie taten. Der Satz: »Vater, vergib ihnen, denn sie wissen nicht, was sie tun« scheint mir aber nicht authentisch zu sein. Daß er Dich um Vergebung für seine Peiniger gebeten hat, kann ich natürlich auch nicht mit letzter Sicherheit verneinen. Ich gehe aber eher davon aus, daß er Dir sein Leid geklagt hat und aus dem Wissen um ihre Blindheit ihnen ihr grausames Tun noch im Sterben vergab.

Niemand wird genau sagen können, welches seine letzten Worte nun wirklich waren, denn wir sind auf die Beschreibungen derjenigen angewiesen, die wie die Hasen davongelaufen sind und somit nicht einmal Zeugen seiner letzten Äußerungen wurden. Sie kamen erst nach seinem Tode zur Besinnung und wurden dann auch sicherlich von Reue heimgesucht.

Ich gehe davon aus, daß die Jünger ganz dringend einer Rechtfertigung ihres Versagens bedurften. Nach meiner Ansicht entwickelten sie von daher mit Hilfe des Alten Testaments eine Theologie, mit der nicht nur sie selbst sich anschließend herumplagen mußten, auch wir tun es noch bis heute. Die Theologie vom Kreuz durchzieht die blutige Geschichte der letzten fast zweitausend Jahre. Du wurdest als allmächtiger, richtender, aber auch gnädiger Gott beschrieben. Deine Ohnmacht – für mich am Kreuz veranschaulicht – wurde nicht als solche begriffen.

Das unausgeschöpfte Angebot

Ein Traum von der Ewigkeit

Die Auferstehungsgeschichte ist ganz und gar eine Glaubensaussage. Wer daran glaubt, daß Du Deine Geschichte mit uns nicht einfach mit unserem Tode abbrichst, der kann Jesu Erscheinen nach seinem Tode durchaus für möglich halten.

Ich hoffe, daß ich nicht nur ein Zufallsprodukt in einem völlig unbestimmbaren kosmischen Zusammenhang bin, kein Staubkörnchen im Universum, sondern ein wichtiger Baustein in Deinem Schöpfungsplan, ausgestattet mit dem Bewußtsein meiner Einzigartigkeit und Notwendigkeit in diesem, wenn auch für mich noch nicht klar erkennbaren Zusammenhang.

Ich glaube nicht, daß derartige Vorstellungen ein Ausdruck von Selbstüberschätzung sind, sondern eher einem natürlichen Selbstbewußtsein entspringen. So kann ich mir auch nicht vorstellen, daß mein Tod mich all meines Wertes beraubt, mein Geist sich einfach im Nichts auflösen wird. Eher möchte ich annehmen, daß er eine neue Gestalt annimmt.

Der Tod ist für mich kein brutaler Abbruch unseres Lebens, sondern lediglich eine Grenzüberschreitung von diesem Seinszustand in einen anderen, endgültigen und zugleich vollendeten. In diesem Leben erfährt unsere Gestalt viele Behinderungen, bleibt unterentwickelt, wird verletzt und mitunter fast bis zur Unkenntlichkeit zerstört. Wir sind Gefangene unserer selbstgeschaffenen oder übernommenen Bilder, und diese Gefangenschaft findet bei Dir ihr Ende, der Traum von Freiheit wird zur unvergänglichen Wirklichkeit. Auch das Abschiednehmen, das im Sterben seinen unwiderruflichen Ausdruck findet, gehört dann einer endgültigen Vergangenheit an, der Begriff

Trennung existiert nicht mehr, hat seine schmerzliche Realität verloren.

Vielleicht ist Dein Reich in keiner anderen als in dieser Welt, nur daß sie trotz der ständig wachsenden Zerstörung wieder ihr ursprüngliches Aussehen und Wesen erhalten wird. Unser Tod mag eine Heimkehr nach langer Irrfahrt sein, und vielleicht beginnt am Ende dieser Zeit der Wiederaufbau einer neuen Welt, die zu ihrer alten Schönheit zurückfindet.

Meine Mutter träumte nach dem Tode meines Vaters von einer Stadt, die im völligen Neuaufbau begriffen war, und dort begegnete sie meinem Vater. Die Stadt war leuchtend hell, und die Bauarbeiter strahlten Freundlichkeit und Wärme aus. Vielleicht entsprechen derartige Träume unseren Wünschen und Hoffnungen, doch niemand kann mit letzter Bestimmtheit sagen, ob sie nicht auch visionäre Züge enthalten. Möglicherweise ist das Reich der Träume nicht allzuweit von dem Deinen entfernt, auch wenn in ihnen ein Stück weit unsere Alltagsrealität verarbeitet wird. Vielleicht sollten wir ihnen mehr Beachtung schenken und bereit sein, auf ihre Botschaft zu lauschen, denn ich bin sicher, daß sie uns Wesentliches mitzuteilen haben. Das Reich der Träume entzieht sich unserem Zugriff ebensoleicht wie der Einblick in Dein ewiges Reich – und vielleicht nicht zuletzt deshalb, weil wir dazu neigen, die Mitteilungen unserer Träume nicht ernst zu nehmen, sie zu verdrängen und als Trugbilder abzutun, so wie wir die Ewigkeit für ein Hirngespinst oder doch zumindest für sehr fragwürdig halten.

Ich glaube, daß eine Vision von Deinem ewigen Friedensreich unseren Friedenswillen schon hier beflügeln könnte. Mit dieser Hoffnung im Herzen könnten wir uns von den lähmenden Fesseln der Angst befreien, um Dein schon hier unter uns angebrochenes Reich bis zuletzt zu verteidigen. Wir sollten uns Deine Geschenke nicht kampflos aus der Hand nehmen lassen, sondern bereits im Diesseits durch unsere Liebe und unser Handeln die neue Welt transparent werden lassen. Man hat uns entmutigt, ängstlich und kleingläubig gemacht, eine Generation hat diese bedrückende »Erblast« an die andere weitergegeben, und so wurden wir zu seelischen Krüppeln. Nur wenige besaßen zu früheren Zeiten den Mut, und die meisten von uns wagen es auch heute noch nicht, sich gegen dieses Zurechtstutzen zur Wehr zu setzen, um ihre ursprüngliche Gestalt wiederzufinden.

Jesus ließ sich in keine Schablone pressen, er sprach auch keinem nach dem Munde, und damit wurde er zu einem herausragenden, mündigen Menschen. Sein Beispiel und auch seine Visionen könnten unseren kleinmütigen Geist inspirieren. Jesus weist uns auf das Recht zu einem lebenswerten Leben hin, das Du allen Menschen ohne Unterschied zugedacht hast, und auf die Pflicht, auf diese Verheißung hinzuleben.

Wie aber könnte das endgültige Friedensreich aussehen? Und wenn ich meiner Phantasie auch noch so freien Lauf ließe, würde sie für eine derartige Vorstellung überhaupt ausreichen?

Wenn ich versuche, das Unsagbare zu beschreiben, dann können im Grunde nur Wunsch- und Traumbilder entstehen, welch andere Mittel hätte ich auch zur Verfügung? Doch ich weiß aus Erfahrung, daß sich beide, Wünsche und Träume, auch in diesem Leben manchmal erfüllen, und dieses Wissen ermutigt mich, in diesen Abendstunden meinen Träumen nachzuhängen, sie schreibend festzuhalten, denn sie haben leider nur flüchtigen Charakter.

In meiner Vorstellung sehe ich unsere Welt in

einem neuen Gewand, dessen Pracht und Schönheit sich nur mit dem Begriff paradiesisch umschreiben ließe. Das Schauen und Erforschen der Herrlichkeit und der Vielfalt einer erneuerten Natur nähme kein Ende. Ich denke mir, daß man sich eine Ewigkeit lang in die Betrachtung nur einer einzigen Blume versenken, dem Spiel der Wolken zuschauen, dem Gesang der Vögel und dem Lied von Wellen und Wind lauschen könnte. Die überwältigende Schönheit der Natur, betrachtet im Lichte der Ewigkeit, könnte meine Phantasie noch zu vielen Beschreibungen anregen, doch im Moment lenkt die Neugier meinen Blick auf uns Menschen.

Ich stelle mir vor, daß wir als erlöste Wesen nach langer Irrfahrt in unser Heim zurückgekehrt sind. Unzählige Jahre waren wir gebunden an unsere Körperhülle, an einen gestörten Organismus, zwar unseren Ursprung ahnend und doch gefangen in einem aus den Fugen geratenen Schöpfungskreislauf, uns immer weiter von unserem Wissen um unsere eigentliche Bestimmung entfernend. Die Erde, die Du uns als Wohnstatt überlassen hast, machten wir zu einem Tal des Jammers und wurden unfähig, den von uns selbst inszenierten Kreislauf des Schreckens zu durchbrechen. Die uns von Dir geschenkte Freiheit geriet zur Waffe in unserer gegen uns selbst gerichteten Hand. Nur unsere Fähigkeit zu lieben sicherte letztlich unser Überleben und gab uns damit die Chance, durch alles Chaos hindurch zu unserem Ursprung zurückzufinden. Wie auch immer sich das Ende unseres menschlichen Daseins abgespielt haben mag, unsere Leidenszeit hat ein Ende gefunden, wir sind in unsere alte Freiheit zurückgekehrt, bei Dir, unserem Ausgangs- und Endpunkt, wieder angekommen.

Auch wenn ich nicht weiß, wie Du bist, so glaube ich doch, daß Deine Kraft eine mütterliche, lebensspendende ist und diese Erde Dein Schoß, der ständig neues Leben gebiert. Dein mütterliches Wesen mag durchaus väterliche Züge einschließen, doch werden diese wohl kaum denen gleichen, die wir in unseren Vätern vorfinden und verkraften müssen.

Die Rückkehr ins Paradies, um bei diesem Begriff zu bleiben, bedeutet ein Eintauchen in das Zentrum Deiner Kraft und mag das bewirken, was wir unter Wiedergeburt verstehen: neues, unzerstörbares Leben in vollendeter Form und Schönheit.

Ich glaube nicht, daß wir körperlos sein werden, sondern Einzelwesen in der ganzen Vielfalt, in der wir uns auch bisher erfahren haben, doch unsere Züge werden nicht mehr vom Lebenskampf gezeichnet sein und der Körper frei von Gebrechen und Mängeln, so wie Du ihn zu Anbeginn geschaffen hast. Das kann nur das Ende aller Häßlichkeit und wird Schönheit für jeden bedeuten, sosehr er sich auch vom anderen unterscheiden mag, denn das vollendete Wesen wird sich in seiner äußeren Gestalt widerspiegeln.

Bei Dir wird es keine Tabus und Barrieren mehr geben, die von uns gesetzten Normen und Grenzen haben ihre Gültigkeit verloren. Wir nehmen einander auf eine ganz neue und tiefere Weise wahr.

Eine Ewigkeit lang mögen wir uns in gegenseitiger Liebe ineinander verlieren, um uns in einer weiteren Ewigkeit vielleicht mit einem anderen Wesen, einer Blume, einem Schmetterling, einer Meereswelle, mit dem Strahl der Sonne oder der weichen Dunkelheit der Nacht zu verbinden. Ich denke mir, daß die Liebe, die wir füreinander empfinden werden, auch nicht frei von Erotik sein wird, die Verschmelzung menschlichen und göttlichen Wesens kann ich mir eher als ein orgiastisches Erleben vorstellen. Die Kraft, die uns bereits im irdischen Dasein so stark zueinander hinzieht, mag auch diejenige sein, die unsere Neugier aufeinander ständig neu beleben wird. Unsere Körper werden eine neue, unverletzliche Gestalt annehmen, unsere Gedanken und Wünsche uns in die Lage versetzen, alle Hindernisse zu überwinden, die uns voneinander trennen und uns von dem Genuß, den Deine Schöpfung uns schenkt, abhalten. Für alle Beziehungen, die wir in unserem jetzigen Dasein aufgenommen haben und infolge unserer Unvollkommenheit und Gespaltenheit nicht zu Ende führen konnten, werden wir eine Ewigkeit lang Zeit haben, um die vielen zarten und zerbrechlichen uns verbindenden Strebungen zu festigen und zu pflegen. Jegliches Besitzdenken wird seinen Boden verloren haben, Neid und Eifersucht werden aufgehoben sein, da niemand mehr sich an den anderen zu klammern braucht und gerade darum jedes Miteinander Erfüllung finden kann.

Wann werden wir jemals mit der Betrachtung der ganzen Vielfalt von Schöpfung und Geschöpfen zu einem Ende kommen? Es wird keine Langeweile geben, der Ausspruch: »In der Hölle ist es viel aufregender als im Himmel« kann nur von Menschen kommen, denen es an Phantasie mangelt.

So wie bereits schon jetzt unsere Gedanken alle Hürden überspringen können, so stelle ich mir in Deiner Welt unser Fühlen und Handeln vor, und damit dürfte sich wohl auch der uralte Traum der Menschheit vom Fliegenkönnen erfüllen. Den Engeln haben wir Flügel angedichtet; ich denke mir, unsere Gedanken und Wünsche werden unsere Flügel sein, die uns Zeit und Raum überwinden lassen. Daß wir derartige Fähigkeiten zumindest in unserer Phantasie und in unseren Träumen entwickeln können, scheint mir zeichenhaft für Dein schon in dieser Welt angebrochenes Reich zu sein.

Je nach verbliebener Sensibilität träumen dann Menschen auch sehr unterschiedlich. Irgendwo las ich den Satz: »Vergessene Träume sind wie ungelesene Briefe.« Wenn wir mehr auf sie achten würden, dann hätten die oftmals verschlüsselten Bilder vielleicht eher die Möglichkeit, ihre Maske abzulegen, weil wir offen für ihre Mitteilungen wären. Daß in unseren Träumen die Toten leben und wir selbst zu ungeahnten Taten fähig sind, könnte uns nachdenklich stimmen. Ich denke, wir sollten uns öffnen für die Botschaft unserer Träume, denn vielleicht sind sie die Brücke zwischen Zeit und Ewigkeit.

Die andere Seite der Wirklichkeit

Oftmals kommt mir der Gedanke, daß es für uns sehr bereichernd sein könnte, wenn wir in der Lage wären, uns gegenseitig bereits heute im Lichte der Ewigkeit wahrzunehmen. Einen Menschen unter diesem Gesichtspunkt zu betrachten heißt doch auch, seine derzeit noch verhüllte vollkommene Gestalt in ihm zu suchen, und alles, was sich verdeckend vor diese schiebt, könnte durch eine derart beflügelte Phantasie bereits im Umgang miteinander überwunden werden, um ihm bei der Entfaltung seines eigentlichen Wesens eine Hilfe zu sein.

Eine solche Sicht würde bedeuten, niemanden aufzugeben, auch wenn der »Acker« dem Anschein nach nur steinig ist und kein Wachstum verspricht. Jesus weist zwar ganz nüchtern auf die Tatsache hin, daß nicht alle Menschen in diesem Leben zu ihrer Bestimmung finden werden, das hindert ihn jedoch nicht daran, jedem so zu begegnen, als hätte er die Möglichkeit zur Heimkehr zu einem erfüllteren Leben.

Wenn er davon überzeugt war, Dein Reich sei schon jetzt mitten unter uns angebrochen, dann muß er in allen Menschen die noch schlummernden Fähigkeiten zu einem vollausgereiften Sein vorausgesetzt haben. Er wußte, daß die Menschen sich nur selten gegenseitig ernst nehmen und sich somit entsprechend geringachten. Ein so wenig ermutigender Umgang miteinander läßt es einfach nicht zu, daß der andere zu seiner vollen Entfaltung gelangt. Wir erwarten viel zuwenig voneinander, leben mit reduzierten oder unangemessenen gegenseitigen Ansprüchen, und so ist es kaum verwunderlich, daß sich unsere negativen und im Grunde hoffnungslosen Einschätzungen ständig bestätigen. Den anderen jedoch im Geiste schon in seiner vollendeten Gestalt vorwegzunehmen, das könnte unser Verhalten ihm gegenüber sehr positiv beeinflussen.

Im Umgang mit Kindern lassen sich die solchem Verhalten entsprechenden Auswirkungen beispielhaft nachweisen. Je mehr positive Eigenschaften wir »in sie hineinsehen«, desto eher erfüllen sie auch unsere in sie gesetzten Erwartungen. Je mutloser und geringer unser Anspruch an sie ist, um so weniger werden sie unseren Hoffnungen entsprechen. Bei Kindern wirken sich »Investitionen« dieser Art schneller aus als bei Erwachsenen, die sich meistens als überfordert erleben und an den damit verbundenen Gefühlen des Versagens schwerer zu tragen haben. Unsere Kinder haben sich noch nicht so weit aus Deinem Reich entfernt, sie sind daher diejenigen, an denen es uns auch hier und heute schon sichtbar werden kann. Sie sind Zeichen der Hoffnung und Wegweiser für die in die Irre gelaufenen Erwachsenen.

Was wir die Wirklichkeit nennen, ist nach meiner Meinung nur die eine Seite der Wahrheit, und wir haben die Wahl, ob wir uns mit ihr zufriedengeben oder mit Hilfe von Phantasie und Traum auch die andere Seite erforschen wollen. Ich meine mit alledem nicht eine weitere Spielart der Flucht aus der Realität, sondern ein durch wache Sinne geschärftes, tieferes Eindringen in sie.

In Jesus findet sich genau diese Verbindung, er war und ist auch heute noch für viele ein Träumer, und dennoch müssen sie bei genauer Betrachtung dessen, was er über die Menschen ausgesagt hat, zugeben, daß seine Einschätzungen und Beobachtungen ganz und gar realistisch sind. Er stand mit einem Bein ganz in dieser Welt und mit dem anderen ebenso fest verankert in Deinem Reich, und da für ihn beide Welten miteinander in engster Verbindung und gegenseitiger Durchdringung standen, lebte er auch in keinem gespaltenen Zustand, sondern in völliger Harmonie. Für ihn gab es keine scharfe Trennung zwischen Zeit und Ewigkeit, und den Tod verstand er als einen wenn auch schmerzhaften, so doch endgültigen Verschmelzungspunkt der beiden ineinanderfließenden Dimensionen.

Ein lichtes Haus des Glaubens

Wenn Du das Fundament unseres Denkens bleibst, dann besteht für uns die Möglichkeit, auf diesem tragenden Grund ein neues Glaubenshaus zu errichten. Dieses Haus wäre nach allen Seiten hin offen und voller Licht und Weite, es gäbe keine Enge und Beklemmung. Du bist der Herr dieses Hauses, wir aber sind nicht nur einfache Mieter, sondern Miteigentümer und von daher ganz wesentlich an der Gestaltung der Räume beteiligt. Du hast das Grundkapital gestellt, wir aber haben die Möglichkeit, für gute Zinsen zu sorgen, und können mit Muße in diesem Haus verweilen, denn ohne unser Zutun wäre es nur halb so wertvoll.

Ich bemerke, wie ich wieder zu Bildern greife, wie anders könnte ich Dich aber beschreiben? Was ich auch tue, alles läuft immer wieder darauf hinaus, Deinem Geheimnis auf die Spur zu kommen. Dabei gehe ich davon aus, daß Du uns nicht ein ungelöstes Rätsel bleiben willst, sondern schon viele Versuche unternommen hast, uns Deine Wirklichkeit nahezubringen.

In Jesus wurde der Schleier gelüftet, in ihm offenbarte sich Dein Ebenbild. Auch in einer Reihe von anderen Menschen hattest Du die Chance, uns Dein Gesicht unverhüllter zu zeigen. Ich glaube, daß Du alle Möglichkeiten der Begegnung ausgeschöpft hast, denn in dieser Welt sind auch Dir Grenzen gesetzt. Die Vorstellung, daß Du nicht alles tun kannst, was Du gerne möchtest, widerstrebt den meisten Menschen, die an Dich glauben, und doch könnte uns gerade diese Sicht zu einer neuen Beziehung zu Dir verhelfen.

In meinem Leben wirkt sich diese Sicht des Glaubens schon seit langem befreiend aus, und darum wage ich es auch, mit Dir gemeinsam an diesem neuen Haus zu bauen. Du hast den Grundriß gezeichnet und für das Fundament gesorgt, es liegt an mir, die Innengestaltung zu übernehmen, und ich versuche, diese Aufgabe so gut es geht zu erfüllen. Uns verbindet ein gemeinsames Grundbedürfnis, denn was nützt das schönste Haus, wenn es nur einen äußeren schönen Rahmen hat und doch auf Dauer leer bleibt? Es könnte niemals seine Funktion erfüllen. Anders gesagt: Du brauchst uns genauso dringend wie wir Dich. Schon an einer anderen Stelle habe ich versucht, uns Menschen als Gegenpol Deiner Liebeskraft darzustellen. Liebe sucht nach einer Antwort, sie kann auf Dauer nicht ohne diese leben, sonst läuft sie Gefahr, zu erkalten oder auch ganz zu sterben.

Deine Liebe zu uns ist sicherlich noch nicht gestorben, denn ohne sie wären wohl auch wir schon erloschen. Unser Wissen um diese Liebe ist noch nicht gänzlich verschüttet, deshalb hat es auch zu allen Zeiten Menschen gegeben, die durch viele Irrtümer hindurch versucht haben, Dir zu antworten.

Es ist sehr bedauerlich, daß so viele Menschen den Freiraum, den Du uns gegeben hast, nicht wahrnehmen, sondern aus Angst zu wenig Raum für Fenster und Türen gelassen, dagegen zu viele Wände in ihrem Glaubenshaus errichtet haben. Es lebt sich schöner in großzügig geschnittenen Räumen, aber häufig entspricht es unseren Bedürfnissen, sich in engen Kammern wie in einer schützenden Höhle zu verbergen. Es soll möglichst wenig Licht hereindringen, damit unser klägliches Dasein nicht jedermann offenbar wird.

So gebaut, kann unser Glaubenshaus zum freiwilligen Gefängnis werden, und nicht wenige Menschen haben sich derart eingerichtet. Sie haben Angst vor weitläufigen Räumen und sind daher auch nicht in der Lage, diese entsprechend Deinem Grundriß zu gestalten. Alle Anleitungen und Hilfsmittel, unter dieser ängstlichen Perspektive betrachtet, verlieren ihre Kraft und somit ihre von Dir erdachte befreiende Wirkung.

Das fruchtbare Bündnis

Im Johannesevangelium steht an einer Stelle der schöne Satz: »Wer in mir bleibt und ich in ihm, der bringt viel Frucht, denn ohne mich könnt ihr nichts tun.«

Wir können uns glaubend darauf einlassen, daß Du in befruchtender Weise an unserer Existenz teil hast. Jesus bezieht eine solche Aussage ganz sicher nicht nur auf sich allein, sondern immer auch auf Dich, und das kann doch nur heißen, daß wir ursprünglich mit Dir vereint waren und sind. Wir haben die Wahl, Dich als unseren Ausgangspunkt anzunehmen oder auch nicht.

In unserem Ursprung verankert zu bleiben oder zu versuchen, wieder zu ihm zurückzufinden, bedeutet Sicherheit und eine Heimat haben. Auf unsere Eltern läßt sich dieses Bild wohl nicht ohne Schwierigkeiten übertragen, denn sie selbst fanden in der Regel beides auch nicht in ausreichendem Maße vor und können uns darum die nötige Geborgenheit so selten weitergeben. Von Dir sagt uns Jesus aber, daß Du in uns sein und bleiben willst, wenn wir unserer Geschichte mit Dir nicht entfliehen.

Wer könnte eigentlich – wenn man es recht bedenkt – gegen ein solches Bündnis antreten? Gott und Mensch vereint in gleicher Sache und zu gleichem Ziel! Wer sich in einer so starken Verbindung aufgehoben weiß, der wird die in ihm brachliegenden Kräfte beleben können und – wie das Wort so schön sagt – reiche Frucht tragen, »... denn ohne mich könnt ihr nichts tun.« Das tut schon beinahe weh und widerstrebt im Grunde gänzlich unserem Wunsch nach Freiheit und eigenständigem Handeln. Ich meine aber, diese Aussage richtet sich nur scheinbar gegen unseren Wunsch nach Selbstbestimmung, denn der Satz ist wohl nicht so zu verstehen, daß wir gar nichts allein zuwege bringen. Im Gegenteil, es stockt einem schon fast der Atem angesichts all der Errungenschaften des menschlichen Fortschritts, der Akzent liegt hier wohl eher auf der Fruchtbarkeit. Alles, was wir tun, schaffen wir ohne den Hintergrund unserer Geschichte mit Dir, wir orientieren uns nicht an den Wegweisern, die Du uns mit auf den Weg gegeben hast, wir glauben, wir seien erwachsen und brauchten keinen Vormund mehr. Nach meiner Ansicht willst Du uns ganz gewiß nicht bevormunden, sondern suchst das Bündnis, das freiwillige Entgegenkommen über alle Irrtümer hinweg.

»... und ich in ihm«, das ist eine Wendung, die auch überraschen kann. In der Aussage klingt zwar durch, daß Du grundsätzlich das Bündnis suchst, und doch beinhaltet diese Wortwendung auch ein Recht Deinerseits auf eine andere Entscheidung. Mir wird bei der Betrachtung dieses Wortes bewußt, wie sehr Dein Verhältnis zu uns auf eine gute Partnerschaft aufgebaut ist, daß aber auch eine gewisse Abhängigkeit voneinander besteht. Dieses »denn ohne mich könnt ihr nichts tun« könnte man auch so übersetzen: Denn ohne mein Zutun wird alles, was ihr tut, zu keinem guten Ziel führen, weil ihr bei allem dann nur die Hälfte der Wahrheit erfassen werdet, die andere Hälfte aber bin ich, und die lehnt ihr ab oder wollt sie nicht wahr haben.

So gesehen, bleibt die letzte Feststellung des Johannes-Wortes in ihrer ganzen Härte bestehen, will uns aber wohl keineswegs in unserer Kreativität einschränken, denn es macht uns keine Vorschriften im einzelnen, sondern mahnt uns lediglich zur Annahme unserer Ganzheit. Wir haben die Freiheit, Deine Existenz in unserem Sein abzulehnen; das Wort – richtig verstanden – möchte uns aber vor einer ablehnenden Entscheidung bewahren, da am Ende keine zufriedenstellende Ernte zu erwarten ist.

Gegen eine solche Behauptung könnte sich jeder atheistisch eingestellte Humanist allerdings wehren und den Beweis für die reichen Früchte seiner Arbeit auch ohne diesen Glauben erbringen. Und damit könnte er auch recht behalten, ohne nach meinem Verständnis mit dem Johannes-Wort in Widerspruch zu geraten, denn ich verstehe es im Zusammenhang mit dem Jesus-Wort: »An ihren Früchten sollt ihr sie erkennen.«

Es ist nur mehr als verständlich, daß viele Menschen das altbekannte Bild von Dir ablehnen und mangels eines besseren sich für ein humanes Menschenleben einsetzen, um über den damit verbundenen Aufgaben zu einer Sinnfindung auch ohne einen Gott zu gelangen. Indem sie ihr Ziel mit aller Entschiedenheit verfolgen, leben sie teilweise ganz praktisch all das vor, was auch Jesus getan hat. Nicht selten finden sich in den Reihen dieser Menschen die wahrhafteren Christen, und darum kann ihre Arbeit unter Umständen viel mehr Frucht tragen als die von krampfhaft bemühten Gläubigen.

Von den Früchten können Gläubige und auch Nichtgläubige zehren, vor Dir sind alle Menschen gleich. Wer seinen Glauben Humanismus nennen will, hat die Freiheit dazu.

Du wirst in den Menschen immer nur so viel Raum einnehmen können, wie sie zulassen, und darum wirst wohl auch Du für Dich entscheiden müssen, ob es Dir überhaupt möglich ist, in dem jeweiligen Menschen noch genug Lebensraum für ein fruchtbares Zusammenwirken zu finden. Nur wer Dich läßt – ob bewußt oder auch ganz unbewußt durch Lebenszielvorstellungen, die unserer Bestimmung gerecht werden –, wird in vollem Umfang von Deinem an alle Menschen gerichtetes Angebot unmittelbarer Nähe profitieren können.

... aber der Konflikt bleibt

Wirkliches Leben setzt freie Entfaltung voraus; aber wer von uns hat schon genügend Raum dazu erhalten? Wir werden daran gehindert, unser Leben als höchstes Gut zu erfahren, nicht wenigen wird es zur untragbaren Bürde, und täglich hören und lesen wir von Menschen, die sich von der Lebenslast befreien, indem sie den Tod wählen.

Immer wieder erhebt sich diese entsetzliche Realität wie ein bedrohlich wachsender schwarzer Schatten über alle hoffnungsvollen Gedanken und Wünsche. Doch welche Wahl bleibt uns in dieser aus den Fugen geratenen Schöpfung? Haben wir das Recht, mit der Pflege unseres eigenen ganz privaten Lebens zu beginnen angesichts unseres Wissens um Millionen entrechteter Menschen, denen unsere Wünsche und Bedürfnisse kaum mehr verständlich sind, geht es ihnen doch meistens nur noch um ein Stück Brot oder um die viel zitierte Hand voll Reis? Bei richtigem Hinsehen klafft genau an diesem Punkt vor uns ein unüberbrückbarer Abgrund. Sensible Menschen, die ihre Augen vor der Realität einfach nicht mehr verschließen können, finden bei dem Gedanken kaum noch ihre Ruhe.

Ich bin davon überzeugt, daß mich all mein Wissen um das eingeschränkte, entrechtete oder auch ganz zerstörte Leben auf dieser Welt – und dabei denke ich nicht nur an die Menschen, sondern an alle Lebewesen – an einer vollen Entfaltung meiner

Persönlichkeit hindern wird. Ich bin und bleibe schuldiger Mitwisser und Mittäter, was immer ich auch tue, denn ich bin eingebunden in Strukturen, die dieses Elend geradezu planvoll verursachen. Allein das Privileg, in diesem Teil der Welt geboren zu sein, verhindert wahre Solidarität mit denen, die zum Tode verurteilt sind, denn wie ich es auch wende, ich lebe auf ihre Kosten.

Mein Wissen bringt mich in Konflikte und zeigt mir zugleich meine ganze Ohnmacht. Ich fühle mich eingebunden in einen unheilvollen Ablauf, der von einem Einzelwesen allein nicht aufzuhalten ist, hierzu bedürfte es des Aufstandes der ganzen Menschheit. Mit einem derartigen Akt ist aber nicht zu rechnen, heute weniger denn je. Es bleibt mir nur die Feststellung, daß ich im Grunde genauso gelähmt bin wie die meisten Menschen mit mir, scheint doch alles, was man auch guten Willens noch zu tun bereit ist, nur ein Tropfen auf den heißen Stein zu sein.

Gibt es überhaupt einen gangbaren Weg aus diesem hoffnungslosen Dilemma, und wie könnte er aussehen? Nur Spenden für Brot für die Welt und ähnliche Organisationen sowie das lächerliche bißchen Entwicklungshilfe werden keines der gewaltigen Probleme der sogenannten Dritten Welt lösen.

Ein Blick auf Jesus genügt, um mir deutlich zu machen, daß er nicht in gut abgesicherten Lebensverhältnissen, sondern von der Hand in den Mund lebte und über keinerlei Besitztümer verfügte. Heute würden wir sagen, er lebte total alternativ.

Ihm in der Weise nacheifern kann ich nicht, mein Leben verläuft in gesicherten Bahnen, auch wenn ich nicht über Reichtümer verfüge. Es gibt viele Genüsse, an denen ich hänge und auf die ich auch nur ungern verzichten wollte.

Der Gedanke, daß Du allen Menschen ein lebenswertes und damit verbunden auch ein genußvolles Dasein wünschst, ist natürlich verlockend, und ein Stück weit vermag er mein schlechtes Gewissen zu beruhigen. Allerdings bleibt in mir der Zweifel, ob Du ungeteilt an meinen Freuden Anteil nehmen kannst, solange Millionen meiner Schwestern und Brüder vor Hunger sterben, denn Du bist nicht nur in meiner Freude und in meinem Genuß, Du bist auch in ihrer Hoffnungslosigkeit und in ihren Todesqualen.

Ein anderer Trost kommt mir bei dem Gedanken, daß Jesus trotz seines Wissens um die Armut seiner Landsleute nicht in ein Asketentum verfallen ist und zum solidarischen Verzicht für alle aufgerufen hat. Er aß und trank offenbar sehr gerne und feierte mit den Menschen, wo immer es sich ergab. Den leiblichen Freuden und Genüssen war er zugetan, und daran hat es ihm wohl auch nicht gemangelt. Von einem Jesus, der aus Solidarität hungerte, wird uns nichts berichtet. Er setzte sich auf andere Weise für das Elend der Menschen ein, und sein Reden und Tun enthielt in jedem Fall auch politische Sprengkraft.

Jesu Leben, unter diesem Aspekt betrachtet, erleichtert wenigstens etwas mein Gewissen, denn sein Wissen um das Elend seiner Zeitgenossen hat seine grundsätzliche Lebensfreude nicht beeinträchtigt. Er war fähig zu spontanem Mitleiden, aber auch in gleicher Weise zur Mitfreude. Er liebte und bejahte das Leben und bekämpfte alles, was die Lebensfreude der Menschen schmälerte.

Seine Haltung erlebe ich als tröstend bei meinen Konflikten, sie gibt mir Hoffnung und Ansporn für meinen sicher viel zu geringen Einsatz für mehr Gerechtigkeit und Frieden in dieser Welt. Auch wenn mich dieser Trost nicht von all meinen Schmerzen und Zweifeln befreit, so läßt er vielleicht dennoch meinen Mut zu mehr verantwortlichem Handeln wachsen, und diese Hoffnung bewahrt mich auch vor möglicher Resignation. Sie reicht allerdings nicht bis zu dem Glauben, daß unsere Politiker oder alle Regierenden in Ost und West auf wundersame Weise zu den nötigen Einsichten gelangen und zu den damit verbundenen entsprechenden Taten schreiten werden. Es kann im Moment für mich persönlich wohl nur darum gehen, daß ich mehr Mut finde, meine Einsichten und auch die quälenden Fragen noch deutlicher zu formulieren, um zumindest an einem verstärkten Bewußtseinsprozeß auch von anderen Menschen mitzuwirken. Damit begebe ich mich wenigstens ein Stück weit in die Nachfolge Jesu, der seinen Gesprächspartnern und den Zuhörern in erster Linie ins Gewissen redete.

Ich habe nicht die Macht und Kraft seiner Worte und werde daher nichts Weltbewegendes erreichen, aber darauf kommt es auch nicht an, denn nicht einmal er konnte verhindern, daß die Menschheit trotz seiner Botschaft weiter an einer lebenszerstörenden und -verachtenden Haltung festhält.

Zum Schluß

Ein Jahr lang habe ich nun versucht, in das Unbekannte vorzudringen, es schreibend auszuleuchten. Ich kann nicht so recht beurteilen, wie weit mir dieser Versuch gelungen ist, aber in mir ist mehr Frieden und Sicherheit eingekehrt, und schon allein deshalb war diese Arbeit in keinem Fall vergeblich. Im Grunde könnte ich sie unendlich fortführen, denn wann wäre ich jemals am Ende aller Fragen angekommen?

Ich halte es für sehr wahrscheinlich, daß ich auch in Zukunft auf diese nun schon fast alte Gewohnheit zurückkommen werde, aber vielleicht in weiteren Abständen, um mir mehr Zeit zu lassen zur Aufnahme und Verarbeitung aller sich ergebenden Fragen. Auch möchte ich in Zukunft weniger schnell nach möglicher Antwort drängen; denn ich kenne mittlerweile die Gefahr, schreibend eine Frage allzubald abzuhandeln und ad acta zu legen.

Ich habe angefangen, mich Dir in dieser Form mitzuteilen, da schon sehr lange in mir Zweifel über die Gültigkeit der über Dich gemachten Aussagen gewachsen waren. Offenbar wissen manche Menschen sehr genau, wer, wie und was Du bist, und diese Erkenntnisse verbreiten sie hemmungslos oder fühlen sich zu deren Verbreitung berufen. Mein Erstaunen über diese Tatsache war schon immer sehr groß.

Sie berufen sich auf die Bibel als Dein Wort, obwohl all diese Worte von Menschen geschrieben wurden, die wie wir alle immer wieder dem Irrtum und der Widersprüchlichkeit unterlagen und bis heute beidem verhaftet sind.

Für mich ist Dein Wort immer mehr zum Friedensangebot für die Menschheit geworden. Es will unsere trügerische Ruhe stören, weil sie lebensbedrohliche Folgen mit sich bringt. Um dieser tödlichen Gefahr zu entgehen, bedarf es nach meinem Verständnis von Dir der Erkenntnis Deiner Ohnmacht. Erst wenn wir unseren Glauben an einen allmächtigen Gott aufgeben, haben wir die Möglichkeit, unsere Eigenverantwortlichkeit für unser Schicksal und das Deiner ganzen Schöpfung zu erkennen. Hierin sehe ich einen ganz zentralen Punkt, der mir im Verlauf des Schreibens immer eindringlicher wurde.

Ich habe wenig Hoffnung, daß sich diese nach meiner Ansicht lebensrettende Erkenntnis schnell genug ausbreitet, um uns wenigstens eine längere Überlebensfrist zu sichern, aber ich habe auch gelernt, mit dieser Aussichtslosigkeit zu leben. Dabei hat mir der Blick auf Jesus entscheidend geholfen, sein Vorbild lehrt mich, intensiver im Heute zu leben, und es bewahrt mich auch vor der drohenden Gefahr, mich in Resignation zu verlieren.

Je mehr ich ihn betrachtet habe, um so bekannter erschienst Du mir. Ich kann auch heute nach intensiver Suche beim besten Willen nicht sagen, wer oder was Du bist, trotzdem wage ich zu behaupten, daß Dein Wesen mir gerade über diesen Menschensohn vertrauter geworden ist. Ich denke, je näher wir uns an Deinen Boten heranwagen, je tiefer wir uns auf ihn einlassen, um so weiter dringen wir in das Unbekannte ein, um zu begreifen, wie nah uns die Wahrheit gekommen ist.